消防安全要知道丛书

消防法规要知道

侯延勇　著

青海人民出版社

·西宁·

图书在版编目（CIP）数据

消防法规要知道 / 侯延勇著 . -- 西宁：青海人民
出版社，2024.8
（消防安全要知道丛书）
ISBN 978-7-225-06733-9

Ⅰ.①消… Ⅱ.①侯… Ⅲ.①消防法－中国 Ⅳ.
①D922.14

中国国家版本馆 CIP 数据核字 (2024) 第 096421 号

消防安全要知道丛书

消防法规要知道

侯延勇　著

出 版 人　樊原成

出版发行　青海人民出版社有限责任公司
西宁市五四西路 71 号　邮政编码：810023　电话：（0971）6143426（总编室）

发行热线　（0971）6143516/6137730

网　　址　http://www.qhrmcbs.com

印　　刷　西安五星印刷有限公司

经　　销　新华书店

开　　本　890mm×1240mm　1/32

印　　张　6

字　　数　90 千

版　　次　2024 年 8 月第 1 版　2024 年 8 月第 1 次印刷

书　　号　ISBN 978-7-225-06733-9

定　　价　28.00 元

目　录

第一章　消防法律法规体系

消防法律法规体系是指一个国家制定的有关消防管理的一切规范性文件的总称。

我国的消防法律法规体系是以《中华人民共和国消防法》为核心，以消防行政法规、地方性消防法规、各类消防规章、消防技术标准以及其他规范性文件为主干，以涉及消防的有关法律作为重要补充的消防法规体系。

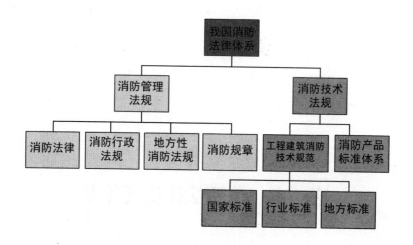

一、消防法律体系的组成

消防法律法规作为国家法律体系的组成部分，它是通过调整在消防过程中形成的各种社会关系，规范社会生活中各种消防行为，预防火灾和减少火灾的危害，保护公共财产和公民人身、财产安全，维护公共安全。

按照调整对象的不同，消防法律分为消防管理法规和消防技术法规两大类。

消防管理法规包括：消防法律、消防行政法规、地方性消防法规、消防规章。

消防技术法规包括：工程建筑消防技术规范、消防产品标准体系。

二、消防管理法规

消防管理法规是通过规定消防管理活动的组织原则、管理内容和要求、管理方法及程序等，调整各种社会组织和公民个人在消防安全方面的权利和义务关系的法律规范性文件的总称。按照制定机关和效力的不同，分为以下几个层次：

（一）消防法律

消防法律是由国家最高权力机关制定的关于消防工作的规范性文件。现行的消防法律《中华人民共和国消防法》，是第二次修改后，于 2021 年 4 月 29 日第十三届全国人民代表大会常务委员会第二十八次会议通过的。

该法全面、科学、准确地规定社会各方面的消防工作，是我国消防法规体系中的"根本大法"，具有最高的法律效力，不仅对全国消防工作的开展具有普遍的指导意义，而且也是制定其他消防法规的主要依据。

（二）消防行政法规

消防行政法规是国务院制定发布的有关消防管理工作的各种规范性文件，如《森林防火条例》《草原防火条例》等。消防行政法规是消防法律体系的重要内容，在全国范围内适用，其法律效力仅次于消防法。

（三）地方性消防法规

地方性消防法规是地方国家权力机关根据消防法律和行政法规，结合本地区消防工作的实际需要而制定的地方性规范性文件。是由省、自治区、直辖市或省、自治区人民政府所在地或经国务院批准的较大市的人民代表大会及其常务委员会制定，适用范围限于本行政区域之内，如《青海省消防条例》等。

（四）消防规章

消防规章分为部门规章和地方规章。部门规章是由国务院所属主管行政部门（如公安部等）在本部门权限范围内，根据国家法律法规制定的适用于某行业或某系统之内的规范文件。如目前实施的《消防监督检查规定》（公安部73号令）等。地方规章是由省、自治区、直辖市或省、自治区人民政府所在地或经国务院批准的较大市的人民政府制定，适用于本行政区域内。如青海省政府颁布的《青海省公共消防设施管理规定》等。

三、消防技术法规

消防技术法规是规定社会生产、生活中保障消防安全的技术要求和安全极限的各类技术规范和标准的总和。分为两大体系：一是消防产品的标准体系，如《钢质防火门通用技术条件》等。二是工程建筑消防技术规范，如《建筑设计防火规范》《高层民用建筑设计防火规范》等。

消防技术标准按照规范、标准等级的高低，分为以下三个层次：

（一）国家标准

国家标准是国务院标准化行政主管部门为了在全国范围内统一有关技术要求而制定的，是消防技术法规的主要组成部分，在全国范围内适用。

（二）行业标准

行业标准是国务院有关行政主管部门在没有国家标准的情况下，为了在全国某个行业范围内统一有关技术要求而制定的，在本行业范围内适用。

（三）地方标准

地方标准是省、自治区、直辖市标准化行政主管部门在没有国家标准和行业标准的情况下，为了在本地区范围内统一有关技术要求而制定的，在本地区适用。

第二章 《中华人民共和国消防法》简介

一、消防法简介

《中华人民共和国消防法》是我国目前唯一一部正在实施的具有国家法律效力的消防专门法律，是我国消防工作的基本法。

（一）立法目的

为了预防火灾和减少火灾危害，加强应急救援工作，保护人身、财产安全，维护公共安全，制定本法。

（二）主要内容

《中华人民共和国消防法》全文共七章七十四条，内容包括总则、火灾预防、消防组织、灭火救援、监督检查、法律责任和附则。

（三）意义和作用

《中华人民共和国消防法》的修订和颁布实施，对加强我国消防法治建设，推进消防事业科学发展，保障公共安全，促进社会和谐具有十分重要的意义。

案例：血的教训，某公司危险品仓库爆炸事故，165人遇难，798人受伤，直接经济损失68.66亿元

2015年8月12日22时51分许，某公司危险品仓库发生火灾爆炸事故。

本次事故中爆炸总能量约为450吨TNT当量。造成165人遇难(其中参与救援处置的公安现役消防人员24人、港区消防人员75人、公安民警11人，事故企业、周边企业员工和居民55人)、8人失踪(其中消防人员5人，周边企业员工、港区消防人员家属3人)，798人受伤（伤情重及较重的伤员58人、轻伤员740人），304幢建筑物、12428辆商品汽车、7533个集装箱受损。

截至2015年12月10日，依据《企业职工伤亡事故经济损失统计标准》等标准和规定统计，事故已核定的直接经济损失68.66亿元。

经国务院调查组认定，8·12爆炸事故是一起特别重大生产安全责任事故。

2016年11月7日至9日，8·12爆炸事故所涉27件刑事案件一审分别由相关市第二中级人民法院和9家基层法院公开开庭进行了审理，并于9日对上述案件涉及的被

告单位及 24 名直接责任人员和 25 名相关职务犯罪被告人进行了公开宣判。

宣判后，各案被告人均表示认罪、悔罪。市交通运输委员会主任武某等 25 名国家机关工作人员分别被以玩忽职守罪或滥用职权罪判处三年到七年不等的有期徒刑，其中李某某等 8 人同时犯受贿罪，予以数罪并罚。

二、消防法的渊源

消防法规的渊源，也称为消防法规的法源，是指消防法规的来源和它由哪些法律规范组成。

我国消防法规的渊源主要有：《中华人民共和国宪法》《中华人民共和国刑法》《中华人民共和国环境保护法》等。

（一）《中华人民共和国宪法》与消防活动有关的内容

《中华人民共和国宪法》是国家的根本大法，它具有最高的法律权威和法律效力，是制定其他一切法律规范的依据，也是消防法规的基本法源。

在宪法中所包含的与消防行政管理活动有关的内容包括：关于国家行政机关活动的基本原则的规范；关于国家行政机关组织和职权的规范；关于公民在行政法律关系中所享有的权利和应尽的义务的规范等。

（二）《中华人民共和国刑法》与消防违法行为有关的内容

《中华人民共和国刑法》中与消防违法行为有关的罪责有失火罪、放火罪、消防责任事故罪、危害安全罪、危险物品肇事罪和重大责任事故罪等。

对于违反消防安全违法行为造成群死群伤或重大财产损失等严重后果的，依据《中华人民共和国刑法》对失火罪、放火罪、消防责任事故罪和重大责任事故罪等规定执行。

（三）《中华人民共和国环境保护法》与消防相关的内容

消防工作中的火灾预防和扑救等与环境保护都有着密切的联系。如果火灾预防不到位，致使火灾频繁发生，不仅给国家和人民生命财产造成无法挽回的损失，也会对环境造成极大的破坏。同时，火灾扑救过程本身也会对环境造成污染。

三、《中华人民共和国消防法》的发展历程

1998 年 4 月 29 日第九届全国人民代表大会常务委员会第二次会议通过；

2008 年 10 月 28 日第十一届全国人民代表大会常务委员会第五次会议第一次修订，2008 年 10 月 28 日中华人民共和国主席令第六号公布，自 2009 年 5 月 1 日起施行；

依据 2019 年 4 月 23 日第十三届全国人民代表大会常务委员会第十次会议《全国人民代表大会常务委员会关于修改〈中华人民共和国建筑法〉等八部法律的决定》第二次修订，自 2019 年 11 月 1 日起施行；

根据 2021 年 4 月 29 日第十三届全国人民代表大会常务委员会第二十八次会议通过的《全国人民代表大会常务委员会关于修改〈中华人民共和国道路交通安全法〉等八部法律的决定》第三次修正。

四、《中华人民共和国消防法》的重点内容

（一）消防工作原则

政府统一领导、部门依法监管、单位全面负责、公民积极参与。

（二）消防安全责任

《中华人民共和国消防法》明确规定了消防安全主体的法定责任。主要包括：

1. 明确和完善了各级人民政府在消防规划及公共消防设施、消防装备建设、消防宣传教育、消除重大火灾隐患，发展多种形式的消防力量，建立火灾应急救援体系等方面的法定职责。

2. 明确了政府有关部门在各自的职责范围内，及时督促整改火灾隐患、做好消防工作的职责。

3. 明确和完善了机关、团体、企业、事业等单位消防安全的具体职责，明确了单位的主要负责人是本单位的消防安全责任人。

4. 明确了建设、设计、施工、工程监理等单位依法对

建设工程的消防设计、施工质量负责。

5. 明确了产品质量监督部门、工商行政管理部门和应急管理部门及消防机构对消防产品的质量监管职责。

（三）消防监督管理制度

根据转变政府职能的要求和市场经济条件下消防工作的规律和特点，《中华人民共和国消防法》对消防监督管理制度进行了明确规定。

1. 建设工程消防监督管理制度

规定对国务院应急管理部门规定的大型人员密集场所和特殊建设工程，由应急管理部门及消防机构实行消防设计审核和消防验收制度，对其他建设工程的消防设计和消防验收实行备案、抽查制度。

2. 消防监督检查制度

规定应急管理部门及消防机构对机关、团体、企业、事业等单位遵守消防法律、法规的情况依法进行监督检查；明确了应急管理部门日常消防监督检查和消防宣传教育的职责。

3. 消防产品监督管理制度

规定国家对消防产品实行强制性产品认证制度，对新研制的尚未制定国家标准、行业标准的消防产品，按照规定进行技术鉴定，产品质量监督部门、工商行政管理部门、应急管理部门及消防机构依法加强对消防产品质量的监督检查。

4. 在明确规定举办大型群众性活动的消防安全要求的同时，取消了举办大型群众性活动的消防行政许可。

（四）加强农村消防工作

地方各级人民政府应当加强对农村消防工作的领导，加强公共消防设施建设，组织建立和督促落实消防安全责任制。同时，对乡镇消防规划、消防力量建设、农村消防宣传教育等工作提出了明确要求。

（五）完善社会消防技术服务机制

规定消防产品质量认证、消防设施检测、消防安全监测等消防技术服务机构和执业人员，应当依法获得相应的资质、资格，依照法律、行政法规、国家标准、行业标准和执业准则，接受委托提供消防安全技术服务，并对服务质量负责；明确了消防技术服务机构出具虚假、失实文件、给他人造成损失的，依法承担赔偿责任。

（六）加强应急救援工作

修订后的《中华人民共和国消防法》在总则中明确消防法立法目的之一是"加强应急救援工作"，地方人民政府应当针对本行政区域内的特点制定应急预案，建立应急反应和处置机制，并为火灾扑救和应急救援工作提供人员、装备等保障；规定了应急救援机构、专职消防队承担重大灾害事故和其他以抢救人员生命为主的应急救援工作。

（七）加大对危害公共消防安全行为的查处力度

为切实保障《中华人民共和国消防法》的顺利实施，《中华人民共和国消防法》取消了一些行政处罚限期改正的前置条件，调整了处罚种类，明确了罚款数额，对一些严重违反消防法规的行为，特别是危害公共安全的行为设定了拘留处罚。

（八）加强对消防执法工作的监督

修订后的《中华人民共和国消防法》专门强化了"监督检查"职责，规定县级以上政府应当对有关部门履行消防安全职责的情况进行监督检查；应急救援机构及工作人员应当按照法定的职权和程序进行消防设计审核、验收和安全检查，不得收取费用，不得为用户、建设单位指定或者变相指定消防产品的销售单位、品牌或者消防技术服务机构、消防设施施工单位等。

第三章　消防行政法规、规章和消防技术标准

一、消防行政法规

（一）行政法规

消防行政法规是国务院根据宪法和法律，为领导和管理国家消防行政工作，按照法定程序批准或颁布的有关消防工作的规范性法律文件。主要有《森林防火条例》《草原防火条例》《民用核设施安全监督管理条例》《特别重大事故调查程序暂行规定》《危险化学品安全管理条例》等。

（二）地方性法规

地方性消防法规，由省、自治区、直辖市、省会、自治区首府、国务院批准的较大市的人民代表大会及其常务委员会在不与宪法、法律和行政法规相抵触的情况下，根据本地区的实际情况制定的规范性文件。

全国大部分省、自治区、直辖市有立法权的人大常委会制定了符合本地实际情况的消防条例。如《青海省消防条例》等。

二、消防行政规章

消防行政规章，是由国务院各部、各委员会、中国人民银行、审计署和具有行政管理职能的直属机构，根据法律和国务院的行政法规、决定、命令，在本部门的权限内制定和发布的命令、指示、规章等。消防规章可由应急管理部单独颁布，也可由公安部会同别的部门联合下发。

（一）应急管理部单独下发的规章

如《建筑工程消防监督审核管理规定》（公安部令第106号）；《消防监督检查规定》（公安部令第107号）；《火灾事故调查规定》（公安部令第108号）；《公共娱乐场所消防安全管理规定》（公安部令第39号）；《机关、团体、企事业单位消防安全管理规定》（公安部令第61号）；《公安机关办理行政案件程序规定》（公安部令第88号）等。

其中《建筑工程消防监督审核管理规定》（公安部令第106号）《消防监督检查规定》（公安部令第107号）《火灾事故调查规定》（公安部令第108号）这三部规章是为配合新消防法的实施而制定并于2009年5月1日颁布实施的。

（二）其他部委规章

其他部委规章指由公安部和其他部委联合下发的规章，也可以是除公安部以外的各部委单独或联合下发的规章制度。

如《火灾统计管理规定》(公安部、劳动部、国家统计局);《高等学校消防安全管理规定》(教育部、公安部);《集贸市场消防安全管理办法》(公安部、工商行政管理局);《粮油工业企业及粮油机械制造企业防火规则》(粮食部、公安部);《城市消防规划建设管理规定》(原国家计委、财政部);《商业仓库消防安全管理试行条例》(商业部);《国家物资储备仓库消防工作条例》(原国家计委、国家物资储备局)等。

这些规章涉及社会各个生产领域，为本部门或本行业的消防安全保障提供了可行的法律依据。

（三）地方政府规章

地方政府规章由省、自治区、直辖市、省会、自治区首府、国务院批准的较大市的人民政府批准或颁布。如《北京市消防安全责任监督管理办法》(北京市政府 143 号令);

《上海市消火栓管理办法》(上海市人民政府令第 21 号发布) 等。

（四）规范性文件

消防行政管理规范性文件是指未列入消防行政管理法规范畴内的、由国家机关制定颁布的有关消防行政管理工作的通知、通告、决定、指示、命令等规范性文件的总称。如《消防改革与发展纲要》《关于加强电气焊割防火安全工作的通告》《关于加强家具建筑装修装饰材料销售市场防火安全管理的通告》《国务院关于进一步加强消防工作的意见》《安全生产"十一五"规划》等。

其中《国务院关于进一步加强消防工作的意见》是新时期指导消防工作的重要纲领性文件。

三、消防技术标准

（一）消防技术标准的含义

消防技术标准是规定社会生产、生活中保障消防安全的技术要求和安全极限的各类技术规范和标准的总和。消防技术规范和技术标准中，由国家赋予其普遍约束力和法律意义的那部分规范和标准，则属于消防法规体系的内容。

国家一般用两种方法赋予技术规范和标准以法律意义：一种是在法律条文中直接规定这类规范和标准；另一种是把遵守一定技术规范和标准定为法律义务，违反该规范或标准要承担法律责任。这种技术规范或标准虽不是法律文件本身的组成部分，但却是它的附件和补充。这些规范和标准涉及危险化学品、电气装置、建筑工程设计、施工、验收、生产流程、消防设施设备、消防产品等大量内容，是进行消防监督必不可少的依据和工具。

（二）消防技术标准的分类

消防技术标准根据其性质可分为规范和标准两大类。其中规范又称为工程建设技术标准。标准又分为基础性标准、实验方法标准和产品标准。

消防技术标准根据制定的部门的不同，划分为国家标准、行业标准和地方标准。

消防技术标准根据强制约束力的不同，分为强制性标准和推荐性标准。保障人体健康和人身、财产安全的标准、法律、行政法规规定强制执行的标准是强制性标准，其他标准是推荐性标准。

（三）单位消防安全管理常用的消防技术标准

单位消防安全管理中依据的现行消防技术规范主要有：《建筑设计防火规范》《高层民用建筑设计防火规范》《建筑内部装修设计防火规范》《建筑灭火器配置设计规范》《水喷雾灭火系统设计规范》《火灾自动报警系统设计规范》《火灾自动报警系统施工验收规范》《石油库设计规范》《小型石油库及汽车加油站设计规范》《建筑物防雷设计规范》《爆炸和火灾危险环境电力装置设计规范》等。

单位消防安全管理中依据的现行消防技术标准有：《人员密集场所消防安全管理》《重大火灾隐患判定方法》等。

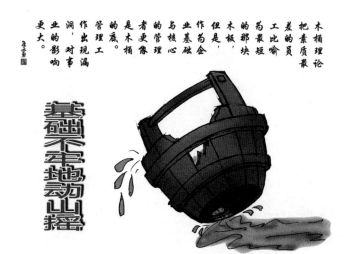

木桶理论把素质最差的员工比喻为最短的那块木板，但是，作为企业基础与核心的管理者更像是木桶的底。管理工作出现漏洞，对事业的影响更大。

第四章 《中华人民共和国消防法》内容简介

一、《总则》部分主要内容

一是规定了立法宗旨，消防工作的方针、原则和基本制度；

二是规定了各级人民政府和政府其他有关部门的消防工作责任；

三是规定了消防工作的监督管理主体及其职责范围；

四是规定了单位和公民的基本消防义务。

二、《火灾预防》部分主要内容

一是规定了城乡消防规划和建设的要求；

二是规定了建设工程消防设计、施工质量要求和建设工程消防监督管理的制度，公众聚集场所投入使用、营业前的消防安全检查制度；

三是制定了机关、团体、企业、事业等单位应当履行的消防安全责任；

四是规定了生产、储存、运输、销售、使用、销毁易燃易爆危险品的要求；

五是规定了消防产品的质量要求和监督管理制度，建筑构件和有关材料的防火性能以及电器产品、燃气用具的消防安全要求；

六是规定了农村消防工作和重点季节、期间的防火要求，村民委员会、居民委员会的防火职责；

七是规定了鼓励火灾公众责任保险，消防技术服务机构和执业人员的从业、执业要求等。

案例一：查处未取得燃气经营许可证，擅自从事燃气经营活动案

2022年10月4日，某地县城乡管理和综合执法局执法人员巡查发现，一公司厂区和饭堂使用某煤气有限公司配送的燃气。经调查，该煤气有限公司未在本市办理燃气经营许可手续。

该煤气有限公司的行为违反了当地《城镇燃气管理条例》第十三条的规定。县城乡管理和综合执法局根据所在省《城镇燃气管理条例》第四十八条第一款规定，对涉事煤气公司处以罚款40万元，没收违法所得37 668.15元的行政处罚。

案例二：查处未按照燃气经营许可证规定，违法储存超量燃气进行经营活动

2022年4月8日，某区街道办事处根据线索，对辖区某煤气有限公司所属一所瓶装液化石油气供应站进行执法检查时，发现该站存储的液化石油气瓶，超过了该Ⅲ级供应站的钢瓶允许存储量。

上述行为违反了《城镇燃气管理条例》第十五条的规

定。区街道办事处根据《城镇燃气管理条例》第四十五条第二款的规定，对该起违法超量储存行为处以罚款8万元的行政处罚。

案例三：查获违法运输、销售燃气案

2022年6月14日，某地城乡管理和综合执法局巡查发现，旋某使用轻型厢式货车非法运输燃气，装载151瓶液化石油气。

深入调查后，执法人员在旋某租用的一处房屋外查获另一辆轻型仓栅式货车，装载19瓶液化石油气，同时在房屋内的两间仓库查获59瓶液化石油气，一处房屋内查获18瓶液化石油气。经清点，旋某在两辆货车和两处房屋内共存放液化石油气247瓶。

经专业机构检验鉴定，涉案的247瓶液化石油气，有147个气瓶安全性能符合要求，100个气瓶已报废。经交通运输局核查，两辆货车均为非危险货物运输营运车辆。经住房和城乡建设局调查，旋某储存瓶装气的两处仓库未取得燃气经营许可证。

城乡管理和综合执法局按照流程将此案移送至公安

局,公安局立案侦查查明,2021年9月至2022年6月期间,涉案人旋某未取得燃气经营许可,在县内收集废旧气瓶后,使用货车装载空瓶前往市一燃料有限公司购买、充装液化石油气共36 110kg（案值238 621元），然后返回本县将液化石油气储存在两处仓库和两辆货车内,再销售给本县县城、水西村、土湖村、黄沙村、铁岗镇、地派镇等地的餐饮店、燃气销售点以获利。

上述行为违反了省《城镇燃气管理条例》第十五条第一款等规定,并涉嫌触犯《中华人民共和国刑法》第一百三十四条之一第（三）项的规定。公安局依法将犯罪嫌疑人旋某逮捕。

案例四：查处未取得道路危险货物运输许可,使用轻型厢式货车擅自从事道路危险货物运输案

2022年4月12日,某市交通运输局执法人员在辖区进行日常稽查,发现当事人杨某聘用的驾驶员使用一轻型厢式货车,未取得道路危险货物运输许可而从事道路危险货物运输（经营性）。

上述行为违反了《中华人民共和国道路运输条例》第

六十三条规定，市交通运输局根据《道路危险货物运输管理规定》第五十六条第（一）项和省《交通运输行政处罚裁量标准》的规定，对该违法行为处以罚款 3 万元的行政处罚。

三、《消防组织》部分主要内容

一是规定了各级人民政府建立综合性消防救援队、专职消防队、志愿消防队以及加强消防组织建设的职责；

二是规定了国家综合性消防救援队、专职消防队和志愿消防队的基本任务；

三是规定了单位、村委会、居委会建立专职消防队、志愿消防队的要求；

四是规定了消防救援机构对专职消防队、志愿消防队的业务指导、调动指挥的职责和权利。

四、《灭火救援》部分主要内容

一是规定了灭火救援的保障措施；

二是规定了公民及时报火警以及为报警提供便利的义务，单位组织扑救火灾的职责；

三是规定了消防救援机构接到火警后的责任，以及火场总指挥的决定权限；

四是规定了消防救援机构火灾调查职责。

五、《监督检查》部分主要内容

一是规定了政府对有关部门履行消防安全职责情况的监督检查职责，以及政府有关部门开展消防安全检查的职责；

二是规定了消防救援机构进行消防监督检查的职责；

三是规定了消防救援机构采取临时查封措施的权力，以及对重大火灾隐患的处理措施；

四是规定了消防救援机构及其工作人员依法实施消防监督管理的原则性要求和禁止性行为，以及接受监督的要求。

六、《法律责任》部分主要内容

一是规定了违反《中华人民共和国消防法》规定的具体行为及处罚的种类、幅度、对象、处罚的决定机关。设定了警告，罚款，责令停止施工（停止使用、停产停业、停止执业），没收违法所得，拘留，吊销相应资质、资格等六类行政处罚。

二是规定了建设、住房和城乡建设主管部门以及消防救援机构的工作人员在消防工作中滥用职权、玩忽职守、徇私舞弊所应承担的法律责任。

七、《附则》部分主要内容

一是明确界定了消防设施的范围；

二是明确界定了消防产品的范围；

三是明确界定了公众聚集场所、人员密集场所的界定范围。

第五章　公民在消防工作中的权利和义务

公民是消防工作重要的参与者和监督者。《中华人民共和国消防法》关于公民在消防工作中权利和义务的规定主要包括：

一、任何单位和个人都有维护消防安全、保护消防设施、预防火灾、报告火警的义务；任何成年人都有参加有组织的灭火工作的义务。

二、任何人不得损坏、挪用或者擅自拆除、停用消防设施、器材，不得埋压、圈占、遮挡消火栓或者占用防火间距，不得占用、堵塞、封闭疏散通道、安全出口、消防车通道。

三、任何人发现火灾都应当立即报警；任何单位、个人都应当无偿为报警提供便利，不得阻拦报警；严禁谎报火警。

四、火灾扑灭后，相关人员应当按照应急管理部门及应急管理机构的要求保护现场，接受事故调查，如实提供与火灾有关的情况。

五、任何人都有权对应急管理部门及应急管理机构及其工作人员在执法中的违法行为进行检举、控告。

案例一：商厦火灾，值班员认为是误报并关闭报警控制主机

1993年8月12日22时许，位于某商业大厦旧楼一层礼品柜台处发生火灾，直接经济损失2 148.9万元。

经查，这起火灾是由于后楼出租柜台的售货人员下班后未按规定关灯，致使安装在灯箱内的一只日光灯长时间

通电，造成镇流器线圈匝间短路，线圈产生的高温引燃固定镇流器的木质材料所致。

当日，消防监控室一名监控值班人员曾收到火灾报警信号，认为是误报，不但没有到现场确认，而且还关闭报警控制主机，致使初起火灾没能及时发现和处置。

教训：火灾报警系统应定期保养，不得随意关闭。

案例二：某国际广场批发市场火灾

2008年1月2日20时许，某国际广场批发市场发生火灾。

此次火灾中，投资1 000万元安装的建筑消防设施形同虚设，没有发挥应有的作用。过火面积65 000平方米，导致1 046家商户的财产化为灰烬，有3名消防救援人员在救火中殉职。火灾财产损失约5亿元。

教训：固定灭火设施应定期维护保养，不得随意关闭。

案例三：谎报火警被拘10日罚500元

2023年6月20日21时22分55秒，某区消防救援大队119指挥中心接到报警称：某村一手袋厂二楼起火，有冒烟情况，无人员被困。

接到报警后，指挥中心立即调派区消防救援大队下属消防站、队，以及当地村微型消防站赶往现场处置。

然而，救援人员到达现场之后反复排查，并未发现火情，多次联系报警人，但对方却拒接电话。

经核查，证实为虚假警情。

区消防救援大队与区公安分局及时沟通，并联合辖区派出所依法传唤报警人开展调查。

经审，该男子对其谎报警情的违法事实供认不讳。区分局依法对其作出拘留 10 日，罚款 500 元人民币的行政处罚。

第六章　消防管理的主要内容

消防管理的主要内容包括对各类建筑工程进行监督管理，实施日常的消防监督检查，对各种消防产品质量实施监督管理，灭火和抢险救援，以及火灾事故调查与火灾统计，等等。

一、防火监督管理

（一）对各类建筑工程进行监督管理

按照《中华人民共和国消防法》的规定，新建、改建、扩建、建筑内部装修和用途变更的建筑工程都必须按照国家建筑工程消防技术标准进行设计。

建设单位应将有关消防设计图纸及有关资料报送当地应急管理机构审核批准方可施工；竣工时，经应急管理机构验收合格，方可投入使用。

（二）实施日常的消防监督检查

按照《中华人民共和国消防法》规定，应急管理机构对机关、团体、企业、事业单位遵守消防法律、法规的情况依法进行监督检查，对消防安全重点单位进行监督抽查。

案例一：查处建设项目未经消防设计审查擅自施工

2022 年 1 月 27 日，某市经济技术开发区住房和城乡建设局执法人员在对某加油加气站项目进行执法检查时，发现该建设项目未经消防设计审查擅自施工。

经核查，项目为工业建筑，总建筑面积为 4 575.98 平方米，是易燃易爆场所，属于特殊建设工程，违反了《中华人民共和国消防法》第十二条之规定。

针对该企业的违法行为，依据《中华人民共和国消防法》第五十八条以及《中华人民共和国行政处罚法》相关规定，依法对该公司处以责令项目停止施工，并处罚款 3 万元的行政处罚。

案例二：查处建设项目验收后未报住房和城乡建设主管部门备案

2021 年 8 月 30 日，某市市中区住房和城乡建设局执法人员在对市中区某公共建筑项目进行执法检查时，发现该建设工程于 2021 年 5 月 20 日竣工并投入使用，项目使用性质为公共建筑，属于其他建设工程。但该项目未按有关规定在验收后报住房和城乡建设主管部门备案，违反《中华人民共和国消防法》第十三条之规定。

针对建设单位的违法行为，市中区住房和城乡建设局依据《中华人民共和国消防法》第五十八条相关规定，依法责令建设单位限期改正，并对该公司处以罚款 5000 元的行政处罚。

案例三：查处某写字楼未经消防验收擅自投入使用案

2022 年 5 月 12 日，某市住房和城乡建设局执法人员在对某写字楼项目进行执法检查时，发现该建设项目于 2016 年 5 月 1 日竣工，项目使用性质为公共建筑，总建筑面积为 82 221 平方米，属于特殊建设工程，未经消防验收擅自投入使用，违反了《中华人民共和国消防法》第十三条之规定。

针对该企业的违法行为，市住房和城乡建设局于 2022 年 6 月 21 日下发《行政处罚决定书》，依据《中华人民共和国消防法》第五十八条第一款第（二）项之规定，依法对建设单位处以责令项目停止使用，并处罚款 28 万元的行政处罚。

案例四：查处某大厦未经消防验收擅自投入使用案

2021 年 6 月 11 日，某市住房和城乡建设局执法人员在对某大厦检查时，发现该建设项目于 2018 年 10 月竣工，项目使用性质为公共建筑，总建筑面积为 32 981 平方米，建筑高度 80.4 米，属于特殊建设工程，未经消防验收擅自投入使用，违反了《中华人民共和国消防法》第十三条之规定。

针对该企业的违法行为，市综合行政执法局依据《中华人民共和国消防法》第五十八条第一款第（二）项之规定，依法对该建设单位处以责令项目停止使用，并处罚款30 万元的行政处罚。

案例五：查处某小区商住楼消防验收不合格擅自投入使用案

2020 年 4 月 22 日，某区住房和城乡建设局工作人员在对某小区商住楼进行消防检查过程中，发现该建设工程为一类高层住宅，属于特殊建设工程，存在消防验收不合格擅自投入使用的违法行为，违反了《中华人民共和国消防法》第十三条之规定。

针对该企业的违法行为，区综合行政执法局依据《中华人民共和国消防法》第五十八条第一款第（二）项之规定，依法对建设单位处以责令项目停止使用，并处罚款30 万元的行政处罚。

案例六：查处某幼儿园未经消防验收擅自投入使用案

2022年3月16日，某县住房和城乡建设局执法人员在对某建设工程进行执法检查时，发现该建设工程使用性质为幼儿园，总建筑面积为3262平方米，属于特殊建设工程，于2021年9月竣工并投入使用，未经消防验收擅自投入使用，违反了《中华人民共和国消防法》第十三条之规定。

针对该企业的违法行为，县行政执法局依据《中华人民共和国消防法》第五十八条第一款第（二）项之规定，依法对建设单位处以责令项目停止使用，并处罚款12.3万元的行政处罚。

（三）对各种消防产品质量实施监督管理

消防产品是涉及人身财产安全的产品，根据有关法律规定，参照国际通行做法，对各种消防产品制订了市场准入制度，进入中国市场的国内外消防产品都应遵守市场准入制度。

案例一：依法监督管理消防产品

2022年3月8日，某市消防救援支队监督执法人员在对某物业服务有限公司管理的住宅小区检查时发现，该小区使用的1具干粉灭火器筒体严重变形，1个防火门未设置防火密封条，执法人员现场判定以上灭火器和防火门为不合格消防产品。

2022年6月7日，某市消防救援支队监督执法人员在对某物业管理有限公司管理的小区检查时发现，该小区使用的手提式干粉灭火器，在有效期限内且未使用和维修的情况下，压力指示器的指针不在绿色区域范围内，执法人员现场判定该灭火器为不合格消防产品。

2022年6月7日，某市消防救援支队监督执法人员在对某酒店进行检查时发现，该酒店使用的手提式干粉灭火器筒体钢印内容不全，执法人员现场判定该灭火器为不合格消防产品。

2022年7月8日，某市消防救援支队监督执法人员在对某餐饮店进行检查时发现，该场所使用的手提式干粉灭火器超过规定使用年限，执法人员现场判定该灭火器为不合格消防产品。

2022年7月12日，某市消防救援支队监督执法人员在对某商城进行检查时发现，该商城负一层营业区域的1个无机复合防火卷帘两个帘面未能同时升降且高度差大于50毫米，执法人员现场判定该防火卷帘为不合格产品。

案例二：消防救援支队依法持续开展消防安全隐患大排查行动

2023年10月1日至31日，某市共检查单位1334家，督促整改消防安全隐患2030处，下发责令改正通知书1034份，对41家单位作出行政处罚决定，罚款16.335万元，以下6家存在重大消防安全隐患的单位被通报。

某农产品发展有限公司车间内未设置室内消火栓。

某餐厅营业区域仅设置了一个安全出口，安全出口数量不足。

某新型建材有限公司的车间预发、成型、切片、压花部位未按要求设置自动灭火系统。

某资源再生有限公司未配置应急照明灯、疏散指示标志灯，室外消火栓设置不符合标准。

某农产品发展有限公司车间内未设置室内消火栓。

某加油站经营易燃易爆危险品场所内有居住场所。

（四）有关人员应持证上岗的监督检查

进行电焊、气焊等具有火灾危险的作业人员和自动消防系统的操作人员，必须经培训、考试合格后持证上岗。

案例一：

2023 年 6 月 1 日，某市应急局执法人员在对某机械配件厂检查时，发现该单位特种作业人员徐某、焦某正在车间从事焊接作业，经查，两人未按照国家有关规定经专门的安全作业培训并取得相应特种作业操作资格。

依据《中华人民共和国安全生产法》相关规定，市应急局依法对该企业处以 3 万元罚款的行政处罚。

案例二：

2023 年 5 月 24 日，某市应急管理局开发区分局执法人员在对某通风设备有限公司开展执法检查过程中，通过查阅视频，发现该公司员工耿某某曾使用电焊机进行熔化焊接与热切割作业。执法人员当即对耿某某持证情况进行检查，发现耿某某未按照国家有关规定经专门的安全作业培训并取得相应特种作业操作资格，并涉嫌违反规定使用明火作业。执法人员当场下达了《责令限期整改指令书》，责令耿某某在取得相应特种作业操作证前不得进行熔化焊接与热切割特种作业。依据《中华人民共和国安全生产法》相关规定，市应急管理局开发区分局对该公司处以2万元罚款的行政处罚。同时，因耿某某涉嫌违反《中华人民共和国消防法》相关规定，将其移交公安机关处理。

案例三：

2023年5月11日，某市应急局执法人员在对辖区某汽车配件有限公司进行检查时，发现该单位正在进行焊接动火作业，但作业现场未安排专门人员进行现场安全管理。依据《中华人民共和国安全生产法》相关规定，市应急局对该公司处以1万元罚款的行政处罚。

案例四：

2023年5月28日，某市应急局、镇政府、镇派出所联合开展日常巡查时，发现辖区一大众汽车修理厂作业人员吴某某正在进行电焊作业。经查，吴某某未按照国家有关规定经专门的安全作业培训并取得相应特种作业操作资格,并涉嫌违反规定使用明火作业。执法人员当场下达《责令限期整改指令书》,责令吴某某在取得相应特种作业操作证前不得进行熔化焊接与热切割特种作业。依据《中华人民共和国安全生产法》相关规定,市应急局对该修理厂处以 1.6 万元罚款的行政处罚。同时,因吴某某涉嫌违反《中华人民共和国消防法》相关规定,将其移交公安机关,公安机关依法对其处以行政拘留 5 日的处罚。

案例五:

2023 年 5 月 16 日,某市一街道应急办联合派出所对辖区开展巡查时,发现作业人员包某某在未取得特种作业操作证的情况下进行电焊作业,执法人员立即责令包某某停止作业,因其涉嫌违反《中华人民共和国消防法》违规使用明火作业,将其移交公安机关,公安机关依法对其处以拘留 3 日的行政处罚。

二、灭火和抢险救援

按照《中华人民共和国消防法》的规定，应急管理机构除完成火灾扑救工作外，要积极参加以抢救人员生命为主的危险化学品泄漏、道路交通事故、地震及其次生灾害、建筑坍塌、重大安全生产事故、空难、爆炸及恐怖事件和群众遇险事件的救援工作。

警钟不应该由火灾来敲响

三、火灾事故调查

火灾事故调查与火灾统计的任务是依法、依规、依标准，通过科学分析对火灾原因提出鉴定意见并进行火灾统计。

第七章　依法开展火灾事故的调查和统计

一、火灾事故调查的目的

火灾事故调查的目的：调查、认定火灾原因，核定火灾损失，查明火灾事故责任，依法处理责任者，并总结消防工作中的经验教训，提出预防对策，减少或避免同类火灾事故的重复发生。

案例：冰雕馆发生重大火灾事故，造成 13 死 15 伤

2020 年 10 月 1 日，某农林生态游乐园有限公司冰雕馆发生重大火灾事故，造成 13 人死亡、15 人受伤，过火面积约 2 258 平方米，直接经济损失 1 789.97 万元。

调查认定，引发火灾的直接原因是景区电力作业人员违章操作，造成电子元件装置起火，引燃聚苯乙烯泡沫夹芯板隔墙及冰雕馆内的聚氨酯保温材料。火势在风力作用下迅速扩大蔓延，同时产生大量高温有毒烟气。加之冰雕游览区游览线路设计复杂，疏散不畅，部分安全出口被人为封堵，游览人员因中毒、呼吸道热灼伤、创伤性休克等原因伤亡。

公安机关依法对事故企业的 13 名责任人采取刑事措施。其中 6 名责任人依法进行逮捕、7 名责任人依法监视居住，并移送检察机关进行公诉，对事故涉及的 38 名有关公职人员，分别给予党纪政纪处分或组织处理。

二、火灾调查的法律依据

火灾调查依据《中华人民共和国消防法》《火灾事故调查规定》《中华人民共和国行政处罚法》《中华人民共和国刑事诉讼法》《火灾统计管理规定》等法律法规有关规定依法开展。

（一）《中华人民共和国消防法》第五十一条

消防救援机构有权根据需要封闭火灾现场，负责调查火灾原因，统计火灾损失。

火灾扑灭后，发生火灾的单位和相关人员应当按照消防救援机构的要求保护现场，接受事故调查，如实提供与火灾有关的情况。

消防救援机构根据火灾现场勘验、调查情况和有关的检验、鉴定意见，及时制作火灾事故认定书，作为处理火灾事故的证据。

（二）《火灾事故调查规定》（公安部令第121号）（新的《火灾事故调查规定》正在修订中）

第二十九条，公安机关消防机构应当根据现场勘验、调查询问和有关检验、鉴定意见等调查情况，及时作出起火原因的认定。

第三十条，对起火原因已经查清的，应当认定起火时间、起火部位、起火点和起火原因；对起火原因无法查清的，应当认定起火时间、起火点或者起火部位以及有证据能够排除和不能排除的起火原因。

第三十一条，公安机关消防机构在作出火灾事故认定前，应当召集当事人到场，说明拟认定的起火原因，听取当事人意见；当事人不到场的，应当记录在案。

第三十二条，公安机关消防机构应当制作火灾事故认定书，自作出之日起七日内送达当事人，并告知当事人申请复核的权利。无法送达的，可以在作出火灾事故认定之日起七日内公告送达。公告期为二十日，公告期满即视为送达。

第三十三条，对较大以上的火灾事故或者特殊的火灾事故，火灾事故责任应当开展消防技术调查，形成消防技术调查报告，逐级上报至省级人民政府公安机关消防机构，重大以上的火灾事故调查报告报公安部消防局备案。调查报告应当包括下列内容：

起火场所概况；

起火经过和火灾扑救情况；

火灾造成的人员伤亡、直接经济损失统计情况；

起火原因和灾害成因分析；

防范措施。

火灾事故等级的确定标准按照公安部的有关规定执行。

（三）国务院《特别重大事故调查程序暂行规定》

一些特殊火灾要由国务院组织有关部门进行调查。

案例：一根随手丢弃的烟头，造成 7 人死亡的较大火灾事故

2020 年 6 月 17 日上午 10 时许，某小区临街门面一物流中转门店发生火灾事故，造成 7 人死亡。

调查认定，因该物流中转公司的电器服务中心空调安装员在货物卸载、堆放场地吸烟、随意丢弃未熄灭的烟蒂引燃包装纸箱造成火灾。

司法机关对相关责任人员的处理结果：

彭某某，电器服务中心主要负责人。未制定本中心消防安全制度，未配备消防器材，未组织员工开展消防安全培训和应急演练。消防安全意识淡薄，现场管理混乱，事发当日带头吸烟、给员工发烟，放任员工吸烟。违反《中华人民共和国消防法》第十六条的规定，对事故发生负有直接责任。鉴于其已在事故中死亡，不再追究责任。

肖某，电器服务中心空调安装员。因在货物卸载、堆放场地吸烟，随意丢弃未熄灭的烟蒂引燃包装纸箱，导致火灾事故发生。违反《中华人民共和国消防法》第二十一条的规定，对事故发生负有直接责任。因涉嫌失火罪被检察院批准逮捕。

　　王某，电器服务中心经营者。未组织制定本中心的消防安全制度，未组织员工开展消防安全培训和应急演练，疏于对电器服务中心的管理，未履行消防安全责任人职责，被司法机关已采取刑事强制措施。

三、火灾事故调查的要求

（一）火灾事故调查应当坚持及时、客观、公正、合法的原则。

（二）任何单位和个人不得妨碍和非法干预火灾事故调查。

四、火灾事故调查的管辖

（一）依据《火灾事故调查规定》（公安部令第121号）

第五条，火灾事故调查由县级以上人民政府公安机关主管，并由本级公安机关消防机构实施；尚未设立公安机关消防机构的，由县级人民政府公安机关实施。

（二）公安派出所应当协助公安机关火灾事故调查部门维护火灾现场秩序，保护现场，控制火灾肇事嫌疑人。

（三）铁路、港航、民航公安机关和国有林区的森林公安机关消防机构调查其消防监督范围内发生的火灾。

说明：有关规章修订以正式公布实施为准，2012年实施的《火灾事故调查规定》（公安部令第121号）目前依然有效。

五、火灾事故原因的认定

公安机关消防机构根据现场勘验、调查询问和有关检验、鉴定意见等调查情况，作出起火原因的认定。

公安机关消防机构制作的火灾事故认定书，自作出之日起七日内送达当事人，并告知当事人向公安机关消防机构申请复核和直接向人民法院提起民事诉讼的权利。

无法送达的，可以在作出火灾事故认定之日起七日内公告送达。公告期为二十日，公告期满即视为送达。

公安机关消防机构作出火灾事故认定后，当事人可以申请查阅、复制、摘录火灾事故认定书、现场勘验笔录和检验、鉴定意见，公安机关消防机构应当自接到申请之日起七日内提供，但涉及国家秘密、商业秘密、个人隐私或者移交公安机关其他部门处理的依法不予提供，并说明理由。

六、火灾事故调查的分工和期限

（一）火灾事故调查的分工

1.一次火灾死亡十人以上的，重伤二十人以上或者死亡、重伤二十人以上的，受灾五十户以上的，由省、自治区人民政府公安机关消防机构负责组织调查。

2.一次火灾死亡一人以上的，重伤十人以上的，受灾三十户以上的，由设区的市或者相当于同级的人民政府公安机关消防机构负责组织调查。

3.一次火灾重伤十人以下或者受灾三十户以下的，由县级人民政府公安机关消防机构负责调查。

4.直辖市人民政府公安机关消防机构负责组织调查一次火灾死亡三人以上的，重伤二十人以上或者死亡、重伤二十人以上的，受灾五十户以上的火灾事故，直辖市的区、县级人民政府公安机关消防机构负责调查其他火灾事故。

5.仅有财产损失的火灾事故调查，按本省有关规定执行。

（二）火灾事故调查的期限

1.公安机关消防机构应当自接到火灾报警之日起三十日内作出火灾事故认定；情况复杂、疑难的，经上一级公安机关消防机构批准，可以延长三十日。

2.火灾事故调查中需要进行检验、鉴定的，检验、鉴定时间不计入调查期限。

七、火灾事故的损失统计

受损单位和个人应当于火灾扑灭之日起七日内向火灾发生地的县级公安机关消防机构如实申报火灾直接财产损失，并附有效证明材料。

公安机关消防机构应当根据受损单位和个人的申报、依法设立的价格鉴证机构出具的火灾直接财产损失鉴定意见以及调查核实情况，按照有关规定，对火灾直接经济损失和人员伤亡进行如实统计。

八、火灾事故等级的划分标准

根据《生产安全事故报告和调查处理条例》规定，生产安全事故等级标准分别是：特别重大、重大、较大和一般火灾。

特别重大火灾是指：造成30人以上死亡，或者100人以上重伤，或者1亿元以上直接财产损失的火灾。

重大火灾是指：造成10人以上30人以下死亡，或者50人以上100人以下重伤，或者5000万元以上1亿元以下直接财产损失的火灾。

较大火灾是指造成3人以上10人以下死亡，或者10人以上50人以下重伤，或者1000万元以上5000万元以下直接财产损失的火灾。

一般火灾是指造成3人以下死亡，或者10人以下重伤，或者1000万元以下直接财产损失的火灾。

注："以上"包括本数，"以下"不包括本数。

第八章　消防行政处罚

一、什么是消防行政处罚

消防行政处罚是指消防行政处罚主体依法对公民、法人和其他组织违反消防行政管理秩序的行为给予的惩戒和制裁。

二、消防行政处罚的种类

消防行政处罚的种类包括：警告、罚款、没收违法所得和没收非法财物、责令停止施工、停止使用或停产停业、责令停止执业、行政拘留。

案例一：对出具虚假检测报告的消防技术服务机构罚款 12 万元

2021 年 11 月 23 日，某区消防救援大队、住房和城乡建设局在对该区某城市综合体进行联合检查时，认定承担该城市综合体消防技术服务工作的某消防电气检测有限公司涉嫌"出具虚假文件"，遂依法对其进行立案查处。

执法人员先后对该消防电气检测有限公司的法定代表人、技术和项目负责人以及其他直接责任人等进行了询问，制作讯问笔录，并对前期收集固定的书证、补充说明、违法行为照片等证据材料进行了全面梳理和分析研究，形成了完整的证据链条。

经调查取证，依法对相关单位及个人共处罚款和没收违法所得共计人民币 12 万元整。

案例二：东北大学火灾，肇事者受到行政拘留 10 日的处罚

2003 年 12 月 22 日晚上，独自居住在 219 号寝室内的女生陈某在使用"热得快"烧水时突然停电，她从水壶中拔下"热得快"放到床上，但忘了切断电源。

早晨醒来时，放在床上的"热得快"已经将床铺引燃，惊慌之下，她四处敲门喊醒其他寝室的学生。由于这名女生逃生时敞开着寝室的门，结果通风后火势更加猛烈。

1 000 多名女生在东北 12 月底的凌晨，仅在睡衣外罩了一件大衣匆忙逃生。

24 岁的肇事者陈某（已毕业）受到行政拘留 10 日的处罚。

三、对消防违法行为处罚的法律依据

与消防违法行为处罚相关的法律主要有《中华人民共和国刑法》《中华人民共和国刑事诉讼法》《中华人民共和国行政处罚法》《中华人民共和国安全生产法》《中华人民共和国治安管理处罚法》《中华人民共和国城市规划法》《中华人民共和国建筑法》《中华人民共和国森林法》《中华人民共和国草原法》《中华人民共和国产品质量法》等。

如《中华人民共和国消防法》第六十二条规定：有下列五种消防安全违法行为之一的，依照《中华人民共和国治安管理处罚法》的规定进行处罚：

（1）违反有关消防技术标准和管理规定生产、储存、运输、销售、使用、销毁易燃易爆危险品的；

（2）非法携带易燃易爆危险品进入公共场所或者乘坐公共交通工具的；

（3）谎报火警的；

（4）阻碍消防车、消防艇执行任务的；

（5）阻碍应急管理部门及应急管理机构的工作人员依法执行职务的。

又如《中华人民共和国消防法》第六十五条规定：违反本法规定，生产、销售不合格的消防产品或者国家明令淘汰的消防产品的，由产品质量监督部门或者工商行政管理部门依照《中华人民共和国产品质量法》的规定从重处罚。

《中华人民共和国消防法》第七十条，本法规定的行政处罚，除应当由公安机关依照《中华人民共和国治安管理处罚法》的有关规定决定的外，由住房和城乡建设主管部门、消防救援机构按照各自职权决定。

被责令停止施工、停止使用、停产停业的，应当在整改后向作出决定的部门或者机构报告，经检查合格，方可恢复施工、使用、生产、经营。

当事人逾期不执行停产停业、停止使用、停止施工决定的，由作出决定的部门或者机构强制执行。

责令停产停业，对经济和社会生活影响较大的，由住房和城乡建设主管部门或者应急管理部门报请本级人民政府依法决定。

案例：某省"6·13"燃气爆炸事故涉刑事案件一审宣判

2021年6月13日6时42分许，某省一社区集贸市场发生燃气爆炸事故，导致26死138伤。

2023年9月20日上午，该区人民法院对"6·13"燃气爆炸事故涉刑事案件依法公开一审宣判，对相关城市燃气发展有限公司原总经理黄某、原总经理助理江某某、原董事长蔡某某等11名责任人依法判处有期徒刑七年至四年三个月不等刑罚。

经审理查明，2021年6月13日上午6时42分许，该社区集贸市场燃气爆炸事故属于重大生产安全责任事故。该城市燃气发展有限公司作为涉事管道的运营管理单位，对事发天然气中压钢管出现严重腐蚀导致破裂的重大隐患未予整改，导致泄漏的天然气在集贸市场涉事故建筑物下方河道内密闭空间聚集，遇餐饮商户排油烟管道排出的火星发生爆炸。

法院审理认为，被告人黄某等11人在生产、作业过程中，违反有关安全管理的规定，导致发生重大伤亡事故，给人民群众生命财产造成重大损失，情节特别恶劣，行为均已构成重大责任事故罪。根据各被告人犯罪的事实、性质、情节、造成的危害后果以及在此次犯罪中所起作用，依法作出上述判决。

四、消防行政处罚的程序

消防行政处罚程序包括行政处罚的决定程序和消防行政处罚的执行程序。

五、消防行政处罚的决定程序

指消防行政执法主体依据《中华人民共和国行政处罚法》和《中华人民共和国消防法》及其他消防法律规范，实施消防行政处罚过程中所必须遵循的步骤和方式、时限等。

六、消防行政处罚的执行程序

　　依法作出行政处罚决定后，当事人应当在行政处罚决定的期限内予以履行。当事人对行政处罚决定不服申请行政复议或者提起行政诉讼，行政处罚不停止执行，法律另有规定的除外。

七、消防行政处罚的管辖和适用

（一）消防行政处罚的管辖

就是确定对行政违法行为实施处罚的主体，以及处罚实施主体之间的权限分工。

（二）消防行政处罚的适用

是处罚主体对违法案件具体运用行政处罚规范实施处罚的活动。

八、消防行政处罚的设定和原则

（一）消防行政处罚的设定

指国家机关依据法定的权限和程序设立相应的消防行政处罚内容的活动，其实质就是某种处罚由哪一级别的国家机关通过何种形式来规定。

（二）消防行政处罚的原则

1.处罚法定原则：只有消防法律、法规、规章明确规定，公民、法人或者其他组织的某种行为是属于违反消防行政管理秩序的，消防行政机关才能予以处罚。

2.公正原则和公开原则：公正就是同样的情况应相同对待，不同的情况应不同对待。在消防行政处罚中，公正原则还要求设定和实施行政处罚必须以事实为依据，与违法行为事实、性质、情节以及社会危害程度相当。

公开就是一切行政处罚行为都应当公开实施。一切有关处罚的规定都必须公开，同时行政处罚必须严格遵守法定程序。

3.处罚与教育相结合的原则：处罚虽然是一种制裁

和惩罚，但其根本目的不是着眼于过去，而是使其今后不再发生此类违法行为。

4.保障相对人权利原则：消防行政处罚行使的同时可能会出现某些乱用或滥用，所以，必须有一条畅通的申诉、控告的渠道，接受广大群众的监督，使不满和意见都有公开评判的场所。

5.不得互相代替的原则：不得以行政责任取代民事责任、刑事责任的原则。

第九章　火灾事故处理

一、火灾事故处理的有关规定

（一）公安消防机构在火灾事故调查过程中，应当根据下列情况分别作出处理

1.涉嫌失火罪、消防责任事故罪的，按照《公安机关办理刑事案件程序规定》立案侦查；涉嫌其他犯罪的，及时移送有关主管部门办理。

2.涉嫌消防安全违法行为的，按照《公安机关办理

行政案件程序规定》调查处理；涉嫌其他违法行为的，及时移送有关主管部门调查处理。

3.依照有关规定应当给予处分的，移交有关主管部门处理。

（二）对经过调查不属于火灾事故的，公安消防机构应当告知当事人处理途径并记录在案

案例：药品仓库发生特大火灾事故，相关责任人被依法处理

2005 年 11 月 8 日 4 时 30 分，某医药连锁有限公司药品仓库发生火灾，直接经济损失 192.7 万元。这起火灾事故的相关责任人、责任单位被依法处理。

该医药连锁有限公司属民营企业，注册资本 80 万元，主要经营中西药品及医疗器械。起火仓库主要用于储存中西药品及医疗器械。

主要教训包括：主管领导对消防工作不重视，仓库投入使用以来并未向消防部门进行申报，装修也未经消防部门审核和验收，起火时段仓库值班员擅自脱离岗位。

二、过失引起火灾的立案追诉标准

《中华人民共和国刑法》第一百一十四条：

放火、决水、爆炸以及投放毒害性、放射性、传染病病原体等物质或者以其他危险方法危害公共安全，尚未造成严重后果的，处三年以上十年以下有期徒刑。

《中华人民共和国刑法》第一百一十五条：

放火、决水、爆炸以及投放毒害性、放射性、传染病病原体等物质或者以其他危险方法致人重伤、死亡或者使公私财产遭受重大损失的，处十年以上有期徒刑、无期徒刑或者死刑。

过失犯前款罪的，处三年以上七年以下有期徒刑；情节较轻的，处三年以下有期徒刑或者拘役。

《中华人民共和国刑法》规定，过失引起火灾，涉嫌下列情形之一的，应予立案追诉：

1.造成死亡一人以上，或者重伤三人以上的。

2.造成公共财产或者他人财产直接经济损失五十万元以上的。

3.造成十户以上家庭的房屋以及其他基本生活资料

烧毁的。

4.造成森林火灾，过火有林地面积二公顷以上，或者过火疏林地、灌木林地、未成林地、苗圃地面积四公顷以上的；

5.其他造成严重后果的情形。

案例一：棉花仓库火灾，相关责任人员被依法处理

2000年11月13日，某公司储运经营部棉花仓库发生火灾，直接财产损失363万元。

由于该仓库管理人员消防安全意识淡薄，超量储存。

消防设施不完善，消防安全制度不落实。监管缺失，仓库管理人员违反防火规定，相关人员被依法处理。

对火灾直接责任人，移交司法机关追究刑事责任，对间接责任人给予撤销职务，对直接领导给予撤销职务、行政记大过处分，对间接领导责任人给予行政记过处分，仓库门卫失火后未及时报警，并隐瞒事实真相，给予记大过处分，企业法定代表人给予通报批评，对企业处以10万元罚款。

案例二：司炉工倾倒燃烧残渣剩余物引发森林火灾，嫌疑人朱某已被批准逮捕

2017年5月2日，某林场发生森林火灾，过火面积11 500公顷，受害森林面积8 281.58公顷。灭火中，共出动9 430人、14架飞机参与救灾。至5月5日10时30分，历经三昼夜的扑救，外线明火被全部扑灭。经查，火灾原因是管护站司炉工倾倒燃烧残渣剩余物引发。

犯罪嫌疑人朱某已被批准逮捕。

案例三：发生森林火灾，肇事者构成失火罪，依法判处有期徒刑6年

2019年4月17日13时50分许，某市郊东部的棋盘山附近突发森林火灾。此次火灾共疏散涉火地区群众万余人，直接经济损失2460.5万元，国有林受灾面积546.49863公顷，集体林受灾面积281.4576公顷。

肇事者张某某的行为已构成失火罪，依法判处有期徒刑6年。

案例四：胡某某生活用火不慎引发森林火灾案

2022年4月9日12时许，某县胡某某在其家厨房内生火做饭，因疏于看管灶内火源，不慎将其简易厨房引燃，继而引燃厨房后的山林，引发森林火灾。火灾经其本人和村民扑救，于次日17时许被扑灭。

经鉴定，过火林地面积为8.9391公顷，其中乔木林地6.8761公顷、宜林荒山荒地2.063公顷。2022年7月19日，县人民法院以犯失火罪依法判处胡某某有期徒刑八个月，缓刑一年。

案例五：宁某某上坟祭祀燃放鞭炮引发森林火灾案

2022年4月9日12时许，某县宁某某同其姐姐、姐夫等4人前往其母亲坟前上坟，其间宁某某使用白色气体打火机烧完火纸后，在坟前拜台燃放鞭炮将杂草树叶引燃引发森林火灾，经本人和村民扑救，18时许火被扑灭。

经鉴定，过火林地面积为5.236公顷，其中乔木林地4.9898公顷、宜林荒山荒地0.2462公顷。2022年7月19日，县人民法院以犯失火罪依法判处宁某某有期徒刑六个月，缓刑一年。

案例六：胡某某故意放火案

2021年1月14日上午，胡某某与好友马某、李某某到某观景台游玩。期间胡某某产生将枯草点燃再踩灭玩耍的想法，便借用马某随身携带的打火机，将脚下枯草点燃，导致山体附着植被被烧毁。

经鉴定，过火面积为5.87公顷。2021年2月2日，胡某某被县人民检察院以故意放火罪依法批准逮捕。2021年12月14日，县人民法院依法判处胡某某有期徒刑三年，缓刑五年。

案例七：杜某某上坟祭祀失火案

2021年3月24日，杜某某在村小组区域内，携带气体打火机和部分香裱纸钱给其父亲上坟祭祀，烧纸过程中不慎将周围杂草点燃引发森林火灾。

经鉴定，过火林地面积12.44公顷。2021年6月20日，区人民法院以失火罪依法判处杜某某有期徒刑十个月。

三、《中华人民共和国刑法》中与消防相关的"七宗罪"

第一宗罪——失火罪

概念：由于行为人的过失引起火灾，造成严重后果，危害公共安全的行为。

立案标准：

1.导致死亡 1 人以上，或重伤 3 人以上的。

2.导致公共财产或他人财产直接经济损失 50 万元以上的。

3.导致 10 户以上家庭的房屋以及其他基本生活资料烧毁的。

4.造成森林火灾，过火有林地面积 2 公顷以上或者过火疏林地、灌木林地、未成林地、苗圃地面积 4 公顷以上的。

5.其他造成严重后果的行为。

刑罚：

《中华人民共和国刑法》第一百一十五条第二款规定，犯失火罪的，处三年以上七年以下有期徒刑；情节较轻的，处三年以下有期徒刑或者拘役。

第二宗罪 —— 消防责任事故罪

概念：违反消防管理法规，经消防监督机构通知采取改正措施而拒绝执行，造成严重后果，危害公共安全的行为。

立案标准：

1. 导致死亡 1 人以上，或重伤 3 人以上的。

2. 直接经济损失 50 万元以上的。

3. 造成森林火灾，过火有林地面积 2 公顷以上或者过火疏林地、灌木林地、未成林地、苗圃地面积 4 公顷以上的。

4. 其他造成严重后果的情形。

刑罚：

《中华人民共和国刑法》第一百三十九条第一款规定，犯消防责任事故罪，处三年以下有期徒刑或者拘役；后果特别严重的，处三年以上七年以下有期徒刑。

第三宗罪 —— 重大责任事故罪

概念：在生产、作业中违反有关安全管理的规定，因而发生重大伤亡事故或者造成其他严重后果的行为。

立案标准：

1. 造成死亡 1 人以上，或重伤 3 人以上的。

2. 造成直接经济损失 50 万元以上的。

3. 发生矿山生产安全事故，造成直接经济损失 100 万元以上的。

4. 其他造成严重后果的情形。

刑罚：

《中华人民共和国刑法》第一百三十四条第一款规定，在生产、作业中违反有关安全管理的规定，因而发生重大伤亡事故或者造成其他严重后果的，处三年以下有期徒刑或者拘役；情节特别恶劣的，处三年以上七年以下有期徒刑。

第四宗罪——强令违章冒险作业罪

概念：强令他人违章冒险作业，因而发生重大伤亡事故或者造成其他严重后果的行为。

立案标准：

1. 造成死亡 1 人以上，或者重伤 3 人以上的。

2. 造成直接经济损失 50 万元以上的。

3. 发生矿山生产安全事故，造成直接经济损失 100 万元以上的。

4. 其他造成严重后果的情形。

刑罚：

《中华人民共和国刑法》第一百三十四条第二款规定，强令他人违章冒险作业，或者明知存在重大事故隐患而不排除，仍冒险组织作业，因而发生重大伤亡事故或者造成其他严重后果的，处五年以下有期徒刑或者拘役；情节特别恶劣的，处五年以上有期徒刑。

第五宗罪 —— 重大劳动安全事故罪

概念：安全生产设施或者安全生产条件不符合国家规定，因而发生重大伤亡事故或者造成其他严重后果的行为。

立案标准：

1. 造成死亡 1 人以上，或者重伤 3 人以上的。

2. 造成直接经济损失 50 万元以上的。

3. 发生矿山生产安全事故，造成直接经济损失 100 万元以上的。

4. 其他造成严重后果的情形。

刑罚：《中华人民共和国刑法》第一百三十五条第一款规定，安全生产设施或者安全生产条件不符合国家规定，因而发生重大伤亡事故或者造成其他严重后果的，对直接负责的主管人员和其他责任人员，处三年以下有期徒刑或者拘役；情节特别恶劣的，处三年以上七年以下有期徒刑。

第六宗罪——大型群众性活动重大安全事故罪

概念：举办大型群众性活动违反安全管理规定，因而发生重大伤亡事故或者造成其他严重后果的行为。

立案标准：

1.造成死亡1人以上，或者重伤3人以上的。

2.造成直接经济损失50万元以上的。

3.其他造成严重后果的情形。

刑罚：

《中华人民共和国刑法》第一百三十五条第二款规定，举办大型群众性活动违反安全管理规定，因而发生重大伤亡事故或者造成其他严重后果的，对直接负责的主管人员和其他直接责任人员，处三年以下有期徒刑或者拘役；情节特别恶劣的，处三年以上或者七年以下有期徒刑。

第七宗罪 —— 工程重大安全事故罪

概念：建设单位、设计单位、施工单位、工程监理单位违反国家规定，降低工程质量标准，造成重大安全事故的行为。

立案标准：

1. 造成死亡 1 人以上，或重伤 3 人以上的。

2. 造成直接经济损失 50 万元以上的。

3. 其他造成严重后果的情形。

刑罚：

《中华人民共和国刑法》第一百三十七条规定，建设单位、设计单位、施工单位、工程监理单位违反国家规定，降低工程质量标准，造成重大安全事故的，对直接责任人员，处五年以下有期徒刑或者拘役，并处罚金；后果特别严重的，处五年以上十年以下有期徒刑，并处罚金。

案例一：两人分别犯失火罪和消防责任事故罪被依法处理

某国企公司下属一物业公司的管理人员王某，利用木材、夹板等可燃材料将管辖范围内一小区的部分闲置厂房改造成 10 间单间出租给他人牟利，改造后的出租房未设置消防通道和消防设施。

市消防救援大队和街道办事处在开展消防安全检查时，发现该出租房存在重大安全隐患，多次下达责令整改通知书，要求王某进行整改，但王某始终未采取相应整改措施。

出租房承租户陈某在废弃电梯井口焚烧垃圾时，不慎导致该栋厂房三、四、五层中采用可燃材料改建的出租房起火，最终引爆出租房中瓶装液化气发生燃气爆炸事故，导致 4 名租户死亡，直接财产损失 97 000 元。

陈某犯失火罪，被判有期徒刑 3 年。王某犯消防责任事故罪，被判处有期徒刑 3 年。

案例二：强令电焊工无证上岗开展明火作业，企业负责人被强制刑拘

2021 年 6 月，某市应急管理局、镇政府和派出所在联合督导检查时，发现辖区一工程有限公司在停产整顿期间，违反消防安全规定，进行违规明火作业，公安机关和应急消防救援部门随即对该违法行为进行依法查处。

经查，该企业负责人徐某某无视消防安全生产规定和相关行政部门下达的责令停产整顿通知，当晚安排两名无操作证的电焊工违规开展明火作业。

公安机关依法对该企业负责人徐某某以涉嫌强令他人违反消防安全规定冒险作业，给予行政拘留15日的行政处罚，对违反规定使用明火作业的两名无证电焊工，分别给予行政拘留5日的行政处罚。

案例三：主体责任不落实被依法处理

2023年7月6日0时20分，某社区一居民家五层自建楼房发生火灾，造成6人死亡。

该建筑的一、二层为家具零售店，三、四、五层为人员居住区域。

堆放有大量家具、海绵、布料的家具零售店与楼上人员居住区无有效防火分隔，楼梯间设置在建筑中部，上下联通，无排烟设施。

调查报告认定，此次火灾事故是1起因房主没有落实安全管理主体责任，未按照有关要求设置防火分隔、配齐消防设施，对用电线路维护管理不到位，火灾风险隐患排查治理不深入不彻底，火灾隐患长期未得到有效整治导致的非生产经营性较大火灾事故。

涉事自建房房主杨某对事故负直接责任，移送司法机关依法处理。

第十章　火灾事故赔偿

一、关于赔偿责任

根据《中华人民共和国民法典》第一千一百六十五条规定：行为人因过错侵害他人民事权益造成损害的，应当承担侵权责任。依照法律规定推定行为人有过错，其不能证明自己没有过错的，应当承担侵权责任。

根据《中华人民共和国民法典》第一千一百八十四条规定：侵害他人财产的，财产损失按照损失发生时的市场价格或者其他合理方式计算。

根据《中华人民共和国民法典》第一百八十二条规定：因紧急避险造成损害的，由引起险情发生的人承担民事责任。危险由自然原因引起的，紧急避险人不承担民事责任，可以给予适当补偿。紧急避险采取措施不当或者超过必要的限度，造成不应有的损害的，紧急避险人应当承担适当的民事责任。

二、关于赔偿范围

火灾事故的损害赔偿范围，包括因火灾而造成的人身伤亡和财产损失。

火灾造成人员伤亡的，赔偿范围包括医疗费、护理费、交通费等为治疗和康复支出的合理费用，以及因误工减少的收入。造成残疾的，还应当赔偿残疾生活辅助具费和残疾赔偿金。造成死亡的，还应当赔偿丧葬费和死亡赔偿金。死亡赔偿金、残疾赔偿金、丧葬费等的标准，可依据《最高人民法院关于审理人身损害赔偿案件适用法律若干问题的解释》相关规定计算确定。

火灾造成财产损失的，侵害人应当恢复原状或者折价赔偿。受害人因此遭受其他重大损失的，侵害人应当赔偿损失。如果火灾损失是当事人一方不履行合同义务或者履行合同义务不符合约定条件导致的，另一方有权要求履行或者采取补救措施，并有权要求赔偿损失。当事人一方违反合同的赔偿责任，应当相当于另一方因此所受到的损失。当事人可以在合同中约定，一方违反合同时，向另一方支付一定数额的违约金；也可以在合同中约定对于违反合同而产生的损失赔偿额的计算方法。

火灾财产损失一般包括直接财产损失和间接财产损失两类。直接财产损失是指被烧毁、烧损、烟熏和灭火中破拆、水渍以及因火灾引起的污染等所造成的损失。间接财产损失是指因火灾而停工、停产、停业所造成的损失，以及现场施救、善后处理费用（包括清理火场、人身伤亡之后所支出医疗、丧葬、抚恤、补助救济、歇工工资等费用）。

由火灾引起的损害赔偿，由各方当事人按照各自过错程度承担。如果火灾各方当事人对赔偿数额协商不一致，可向人民法院提起诉讼的，由人民法院根据实际情况确定赔偿数额。各方当事人对自己提出的主张，有责任提供证据。

案例：房屋着火殃及邻居，赔偿责任无法推卸

法律规定，作为不动产的权利人因管理使用不当给相邻方造成损失的应当予以赔偿。

2022 年 12 月，某市一小区一居住在 7 层的住户因使用电器发生短路造成火灾。住在同一栋楼的住户因为该起火灾事故，导致房屋以及电器、家具均出现了不同程度的损害。火灾后，双方多次进行协商，并经社区调解，在赔

偿问题上一直未达成一致调解意见，于是邻居们将该房屋所有者诉至法院。

当地法院积极与双方当事人沟通，明确指出，7层住户在此次火灾事故中，因不当用电导致邻居蒙受损失，应当承担赔偿责任。

经多次协调，双方最终达成一致意见，7层住户向邻居们一一支付赔偿款。

三、消防灭火过程中造成的损失，向谁索赔？

根据《中华人民共和国民法典》第一百八十二条规定，在火灾扑救过程中，因为用水灭火，给楼下和邻里造成的损失，如房屋过水、家具电器等被浸泡损坏等，应由引起险情发生的人承担民事责任。

因为消防员救火的行为属于紧急避险，虽然客观上造成了邻居的损失，但其目的是履行职务和展开救援，不应承担赔偿责任。

第十一章 消防工作的方针、原则和责任制

一、消防工作的方针、原则和责任制

方针：消防工作贯彻预防为主、防消结合的方针。

原则：政府统一领导、部门依法监管、单位全面负责、公民积极参与。

责任制：实行消防安全责任制，建立健全社会化的消防工作网络。

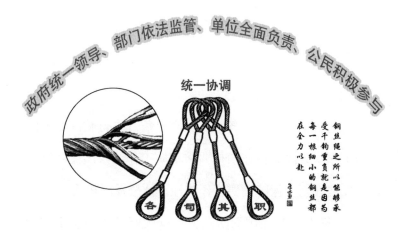

政府统一领导、部门依法监管、单位全面负责、公民积极参与

统一协调

各司其职

钢丝绳之所以能够承
受千钧重负就是因为
每一根细小的钢丝都
在全力以赴

二、关于政府的消防工作职责

《中华人民共和国消防法》第三条规定，国务院领导全国的消防工作，地方各级人民政府负责本行政区域内的消防工作。各级人民政府应当将消防工作纳入国民经济和社会发展计划，保障消防工作与经济社会发展相适应。

《中华人民共和国消防法》关于政府具体消防工作责任的规定主要有：

（一）宏观规划

各级人民政府应当将消防工作纳入国民经济和社会发展计划，保障消防工作与经济社会发展相适应；地方各级人民政府应当将包括消防安全布局、消防站、消防供水、消防通信、消防车通道、消防装备等内容的消防规划纳入城乡规划，并负责组织实施。

（二）火灾预防

各级人民政府应当组织开展经常性的消防宣传教育，提高公民的消防安全意识；对已经设置的生产、储存和装

卸易燃易爆危险品的工厂、仓库和专用车站、码头，易燃
易爆气体和液体的充装站、供应站、调压站，不再符合消
防法规定的，组织、协调有关部门、单位限期解决，消除
安全隐患，在农业收获季节、森林和草原防火期间、重大
节假日期间以及火灾多发季节应当组织开展有针对性的消
防宣传教育，采取防火措施，进行消防安全检查。

（三）农村消防

地方各级人民政府应当加强对农村消防工作的领导，
采取措施加强公共消防设施建设，组织建立和督促落实消
防安全责任制。乡镇人民政府、城市街道办事处应当指导、
支持和帮助村民委员会、居民委员会开展群众性的消防工
作。

睡在床上边给手机或电脑充电边使用不是好习惯

（四）组织建设

规定各级人民政府应当根据经济和社会发展的需要，建立多种形式的消防组织，加强消防技术人才培养，增强火灾预防、扑救和应急救援的能力；组织有关部门制定应急预案，建立应急反应和处置机制，为火灾扑救和应急救援工作提供人员、装备等保障。

（五）灭火救援

国家综合性消防救援队、专职消防队参加火灾以外的其他重大灾害或者事故的应急救援工作，由县级以上人民政府统一领导，根据扑救火灾的紧急需要，有关地方人民政府应当组织有关人员、调集所需物资支援灭火；对单位专职消防队、志愿消防队参加扑救外单位火灾所损耗的燃料、灭火剂和器材、装备等，火灾发生地的人民政府应当给予补偿。

（六）执法监督

规定地方各级人民政府应当落实消防工作责任制，对本级人民政府有关部门履行消防安全职责的情况进行监督检查；对应急管理部门报告的城乡消防安全布局、公共消防设施不符合消防安全要求，或者本地区存在影响公共安全的重大火灾隐患情况，及时核实并组织或者责成有关部门、单位采取措施，予以整改；对应急管理部门报请的对经济和社会生活影响较大的责令停产停业意见，依法决定并组织有关部门实施。

三、应急管理部门及消防救援机构的消防工作职责

《中华人民共和国消防法》第四条规定，国务院应急管理部门对全国的消防工作实施监督管理，县级以上地方人民政府应急管理部门对本行政区域内的消防工作实施监督管理，并由本级人民政府消防救援机构负责实施。

这是关于应急管理部门及消防救援机构消防工作职责的原则规定。《中华人民共和国消防法》关于应急管理部门及消防救援机构的具体消防工作职责的规定主要包括宣传教育、监督执法、灭火救援、队伍建设和廉政建设等五个方面。

（一）宣传教育方面

规定应急管理部门及消防救援机构应当加强消防法律、法规的宣传，并督促、指导、协助有关单位做好消防宣传教育工作。

（二）监督执法方面

规定消防机构应当依法确定消防安全重点单位，实施

建设工程消防设计审核、消防验收、公众聚集场所投入使用（营业）前消防安全检查、消防产品监督检查、消防监督检查、火灾事故调查、消防行政处罚，并依法实施临时查封、传唤等措施，依法实施强制执行，对经济和社会生活影响较大的责令停产停业，提出意见并由应急管理部门报请当地人民政府依法决定。

（三）灭火救援方面

规定消防救援机构承担火灾扑救工作，依照国家规定承担重大灾害事故和其他以抢救人员生命为主的应急救援工作；统一组织和指挥火灾现场扑救，优先保障遇险人员的生命安全；根据扑救火灾的需要，调动指挥专职消防队参加火灾扑救工作。

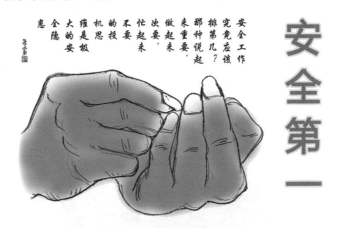

（四）队伍建设方面

国家综合性消防救援队、专职消防队应当按照国家规定，组织实施专业技能训练，配备并维护保养装备器材，提高火灾扑救和应急救援实战能力；对新建立的专职消防队予以验收，对专职消防队、志愿消防队等消防组织进行业务指导。

（五）廉政建设方面

《中华人民共和国消防法》规定，住房和城乡建设主管部门、消防救援机构及其工作人员应当按照法定的职权和程序进行消防设计审查、消防验收、备案抽查和消防安全检查，做到公正、严格、文明、高效；不得收取费用，不得利用消防设计审核、消防验收和消防安全检查谋取利益，不得利用职务为用户、建设单位指定或者变相指定消防产品的销售单位、品牌或者消防技术服务机构、消防设施施工单位。

四、关于消防监督管理主体的例外规定

《中华人民共和国消防法》总则第四条规定："军事设施的消防工作，由其主管单位监督管理，消防救援机构协助；矿井地下部分、核电厂、海上石油天然气设施的消防工作，由其主管单位监督管理。县级以上人民政府其他有关部门在各自的职责范围内，依照本法和其他相关法律、法规的规定做好消防工作。法律、行政法规对森林、草原的消防工作另有规定的，从其规定。"

五、关于有关行政主管部门的消防工作职责

《中华人民共和国消防法》第四条第二款规定："县级以上人民政府其他有关部门在各自的职责范围内依照本法和其他相关法律、法规的规定做好消防安全工作。"这是《中华人民共和国消防法》关于有关行政主管部门消防工作职责的原则规定。

《中华人民共和国消防法》关于其他有关部门的具体消防工作职责的规定主要有：

1.教育、人力资源行政主管部门和学校、有关职业培训机构应当将消防知识纳入教育、教学、培训的内容。

2.建设工程的消防设计未经依法审核或者审核不合格的，负责审批该工程施工许可的部门不得给予施工许可。

3.产品质量监督部门、工商行政管理部门应当按照职责加强对消防产品质量的监督检查；对生产、销售不合格的消防产品或者国家明令淘汰的消防产品的，由产品质量监督部门或者工商行政管理部门依照《中华人民共和国产品质量法》的规定从重处罚。

4.县级以上地方人民政府有关部门应当根据本系统

的特点，有针对性地开展消防安全检查，及时督促整改火灾隐患。

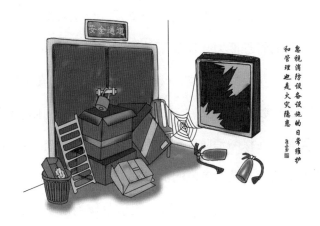

同时《中华人民共和国消防法》规定："建设、产品质量监督、工商行政管理等其他有关行政主管部门的工作人员在消防工作中滥用职权、玩忽职守、徇私舞弊尚不构成犯罪的，依法给予处分。"

六、单位的消防安全责任

单位是社会消防管理的基本单元，单位对消防安全和致灾因素的管理能力，反映了社会消防安全管理水平，在很大程度上决定了一个城市、一个地区的消防安全形势。《中华人民共和国消防法》进一步强化了机关、团体、企业、事业等单位在保障消防安全方面的消防安全职责，明确单位的主要负责人是本单位的消防安全责任人。

《中华人民共和国消防法》关于单位消防安全责任的规定主要有：

1.任何单位和个人都有维护消防安全、保护消防设施、预防火灾、报告火警的义务。

任何单位和成年人都有参加有组织的灭火工作的义务。各级人民政府应当组织开展经常性的消防宣传教育，提高公民的消防安全意识。机关、团体、企业、事业等单位，应当加强对本单位人员的消防宣传教育。

2.机关、团体、企业、事业等单位的消防安全职责：

（1）落实消防安全责任制，制定本单位的消防安全制度、消防安全操作规程，制定灭火和应急疏散预案；

（2）按照国家标准、行业标准配置消防设施、器材，设置消防安全标志，并定期组织检验、维修确保完好有效；

（3）对建筑消防设施每年至少进行一次全面检测，确保完好有效，检测记录应当完整准确，存档备查；

（4）保障疏散通道、安全出口、消防车通道畅通，保证防火防烟分区、防火间距符合消防技术标准；

（5）组织防火检查，及时消除火灾隐患；

（6）组织进行有针对性的消防演练；

（7）法律、法规规定的其他消防安全职责。

3.消防安全重点单位除履行单位消防安全职责外，还应当履行下列特殊的消防安全职责：

（1）确定消防安全管理人，组织实施本单位的消防安全管理工作；

（2）建立消防档案，确定消防安全重点部位，设置防火标志，实行严格管理；

（3）实行每日防火巡查，并建立巡查记录；

（4）对职工进行岗前消防安全培训，定期组织消防安全培训和消防演练。

4.同一建筑物由两个以上单位管理或者使用的，应当明确各方的消防安全责任，并确定责任人对共用的疏散通道、安全出口、建筑消防设施和消防车通道进行统一管理。

5.任何单位、个人不得损坏、挪用或者擅自拆除、停用消防设施、器材，不得埋压、圈占、遮挡消火栓或者占用防火间距，不得占用、堵塞、封闭疏散通道、安全出口、消防车通道。

6.任何单位和个人都应当无偿为报警提供便利，不得阻拦报警，严禁谎报火警。发生火灾，必须立即组织力量扑救，邻近单位应当给予支援；火灾扑灭后，发生火灾的单位和相关人员应当按照消防救援机构的要求保护现场，接受事故调查，如实提供与火灾有关的情况。

7.被责令停止施工、停止使用、停产停业的单位，应当在整改后向作出决定的部门或者机构报告，经检查合格，方可恢复施工、使用、生产、经营。

同时，《中华人民共和国消防法》还规定，任何单位和个人都有权对住房和城乡建设主管部门、消防救援机构及其工作人员在执法中的违法行为进行检举、控告。

案例一：某日用品有限公司重大火灾事故相关责任人员涉嫌重大劳动安全事故罪被采取刑事强制措施

2019年9月29日，某日用品有限公司发生重大火灾事故，造成19人死亡、3人受伤，过火面积约1100平方米，直接经济损失2380.4万元。

责任追究：公司股东葛某某、林某某因涉嫌重大劳动安全事故罪，被公安机关采取刑事强制措施。县委书记、原县长等人被建议给予党纪政纪处分。

案例二：某制药有限公司重大火灾事故，30名相关责任人被建议追究责任

2019年4月15日，某制药有限公司四车间地下室，在冷媒系统管道改造过程中，发生重大着火中毒事故，造成10人死亡、12人受伤，直接经济损失1867万元。

责任追究：公司四车间安全员、四车间副主任等11人被司法机关采取刑事强制措施。法定代表人、总经理，公司副总经理等3人被建议移送司法机关追究刑事责任。16人被建议给予党纪政纪处分以及组织处理。

案例三：某现代农牧产业集团有限公司重大火灾事故，31 名相关责任人被建议追究责任

2018 年 12 月 17 日，某现代农牧产业集团有限公司发生一起重大火灾事故，建筑物过火面积 3630 平方米，造成 11 人死亡、1 人受伤，直接经济损失 1467 万元。

责任追究：该公司董事长、公司法人等 12 人被司法机关采取强制刑事措施，14 人被建议给予党纪政纪处分，3 人建议给予诫勉谈话，2 人被建议给予批评教育。

案例四：某量贩式休闲会所重大火灾事故，39 名责任人被建议追究责任

2017 年 2 月 25 日，某量贩式休闲会所发生一起重大火灾事故，造成 10 人死亡、13 人受伤。

责任追究：包括该量贩式休闲会所经营者、股东等 23 人被建议采取刑事措施，16 名公职人员（包括县处级 4 人）被建议给予党纪政纪处分。

案例五：某储运有限公司下属的一个分公司发生重大火灾事故，32 名责任人被建议追究责任

2018 年 10 月 28 日，某储运有限公司下属的一个分公司仓库发生火灾，过火面积 23 487.53 平方米，事故未造成人员伤亡，直接经济损失（不含事故罚款）约 8 944.95 万元人民币。

责任追究：主体责任企业的总经理、分管消防安全副总经理、安监部经理、仓库总监、仓库经理、仓库行政主管、项目小组长、技安部经理、保安员等 17 人被移送司法机关追究刑事责任，15 人被建议给予相关党纪政纪处分和诫勉谈话。

案例六：某北龙汤泉休闲酒店有限公司重大火灾事故，45 名责任人被建议追究责任

2018 年 8 月 25 日，某北龙汤泉休闲酒店有限公司发生重大火灾事故，过火面积约 400 平方米，造成 20 人死亡、23 人受伤，直接经济损失 2 504.8 万元。

责任追究：包括涉事酒店实际控制人、实际出资人、酒店法定代表人等 20 人被建议追究刑事责任，25 人被建议给予党纪政纪处分和组织处理。

案例七：某镇新建二村重大火灾事故，36 名相关责任人被建议追究责任

2017 年 11 月 18 日，某镇新建二村的一幢建筑发生重大火灾事故，造成 19 人死亡、8 人受伤及重大经济损失。

责任追究：包括涉事公司实际控制人、公司工人等 15 人被建议追究刑事责任，21 人被建议给予党纪政纪处分。

案例八：某足浴中心发生重大火灾事故，22 名责任人被建议追究责任

2017 年 2 月 5 日，某足浴中心发生重大火灾事故，造成 18 人死亡、18 人受伤。

责任追究：包括该中心股东、法定代表人、经理等共 9 人被建议追究刑事责任，6 人被建议给予党纪或政纪处理，7 人被建议给予诫勉谈话。

案例九：某商贸城发生重大火灾事故，52 名责任人被建议追究责任

2018 年 6 月 1 日，某商贸城发生一起重大火灾事故，过火面积约 51 000 平方米，造成 1 人死亡，直接经济损失

9 210 余万元。

责任追究：集团董事长等 7 人涉嫌重大责任事故罪或失火罪被移交司法机关依法处理，原市规建局和市消防支队共 8 名责任人涉嫌职务违法犯罪被移交司法机关依法处理，33 人被建议给予党纪政纪和组织处理，4 人被建议给予行政处罚。

案例十：某大厦 1 号楼泰禾"金尊府"项目重大火灾事故，33 名责任人被建议追究责任

2017 年 12 月 1 日，某大厦 1 号楼泰禾"金尊府"项目发生一起重大火灾事故，过火面积约 300 平方米，造成 10 人死亡、5 人受伤，直接经济损失（不含事故罚款）约 2 516.6 万元。

责任追究：包括公司总经理林某在内的 14 人，因涉嫌重大责任事故罪，被公安机关执行逮捕或取保候审，员工邵某某等 3 人，因涉嫌失火罪被公安机关取保候审，另有 16 名责任人被建议给予党纪政纪处理。

第十二章　消防工作制度和规定

一、关于建设工程消防设计审核、消防验收和备案抽查制度

《中华人民共和国消防法》明确了建设工程消防设计审核、消防验收和备案抽查制度。

（一）消防设计审核、消防验收的范围

国务院应急管理部门规定的大型的人员密集场所和其

他特殊建设工程，由住房和城乡建设主管部门实行建设工程消防设计审核、消防验收。

（二）其他工程实行备案抽查制度

对国务院住房和城乡建设主管部门规定的大型的人员密集场所和其他特殊建设工程以外的按照国家建设工程消防技术标准需要进行消防设计的其他建设工程，建设单位应当自依法取得施工许可之日起七个工作日内，将消防设计图纸和技术资料报住房和城乡建设主管部门备案，住房和城乡建设主管部门应当进行抽查；经依法抽查不合格的，应当停止施工。建设单位在验收后应当报住房和城乡建设主管部门备案，住房和城乡建设主管部门应当进行抽查，经依法抽查不合格的，应当停止使用。

二、关于公众聚集场所使用、营业前的消防安全检查

（一）使用单位应及时申请消防安全检查

公众聚集场所在投入使用、营业前，建设单位或者使用单位应当向场所所在地的县级以上地方人民政府消防救援机构申请消防安全检查。

（二）应急管理部门及消防机构实施消防安全检查的时限和工作要求

消防救援机构应当自受理申请之日起十个工作日内，根据消防技术标准和管理规定，对该场所进行检查。未经消防安全检查或者经检查不符合消防安全要求的不得投入使用、营业。

（三）消防安全不合格依法处罚

对公众聚集场所未经消防安全检查或者经检查不符合消防安全要求擅自投入使用、营业的，给予责令停止使用、停产停业和罚款等行政处罚。

三、举办大型群众性活动的消防安全要求

为减少行政许可事项，《中华人民共和国消防法》将大型群众性活动的消防安全纳入《大型群众性活动安全管理条例》（国务院令第 505 号）规定的治安行政许可审查内容，取消了消防的单独审批。同时，明确规定举办大型群众性活动的承办人应当制定灭火和应急疏散预案并组织演练，保持消防设施和消防器材配置齐全、完好有效，保证疏散通道、安全出口、疏散指示标志、应急照明和消防车通道符合消防技术标准和管理规定。

案例一：小区居民楼着火，消防栓没水，消防通道堵塞导致消防车无法进入

2023 年 6 月 9 日下午 4 时许，某小区 3 号楼一单元顶层突发火灾。

发现失火，业主第一时间赶到现场想要使用消防栓灭火，却发现消防栓里面没有水，只能等物业和消防员来灭火，瞪着眼看着大火燃烧。

当消防车来到小区门口时，却因为消防通道被占，消

防车无法进入。因为消防栓里面没有水，消防员只能将水带接在居民生活用水的阀门和管道上，最后才得以灭火。

火情面前，消防通道被占，消防栓也没有水，好在无人员伤亡，小区业主对消防安全问题很担忧。

该小区现场乱象：

1. 地面到处堆放诸多建筑杂物。

2. 消防栓接口处锈迹斑斑，查看33层其他消防栓，发现每一个消防栓打开都没有水，只有地下车库的一个消防栓在被拧开时，有水源流出。

3. 消防栓柜外贴着《消防器材检查记录表》，检查项目包括水枪、阀门、栓口等。最近5次检查均在所有项目下画上了勾。表格下方的说明区域写着："消防栓及灭火器要求每月检查一次，确保设备设施在有效使用状态。巡查时检查项目中如无问题在栏中打钩。"

4. 早在2021年就曾有媒体报道，该小区发生火灾时，因为消防通道被堵塞，消防车无法入内，消防员只能徒手搬运轻便设施进来灭火，消防栓内也是没有水。

案例二：某小区消防栓中没有水

2022 年 10 月 30 日，某小区 66 号楼 9 层突发火灾，想要救火却发现屋外的消防栓中没有水。火势从客厅蔓延至整间房屋，家中家具陈设都被烧毁。

四、关于消防产品监督管理

（一）对消防产品的基本要求

消防产品必须符合国家标准；没有国家标准的，必须符合行业标准。禁止生产、销售或者使用不合格的消防产品以及国家明令淘汰的消防产品。

（二）消防产品强制认证制度

依法实行强制性产品认证的消防产品，由具有法定资质的认证机构按照国家标准、行业标准的强制性要求认证合格后，方可生产、销售、使用。新研制的尚未制定国家标准、行业标准的消防产品，应当按照国务院产品质量监督部门会同国务院应急管理部门规定的办法，经技术鉴定符合消防安全要求的，方可投入生产、销售和使用。

（三）消防产品的监督检查主体

产品质量监督部门、工商行政管理部门、消防救援机构应当按照各自职责加强对消防产品质量的监督检查。

（四）对违法生产、销售和使用消防产品行为的处罚主体和具体处罚内容

对生产、销售不合格的消防产品或者国家明令淘汰的消防产品的，由产品质量监督部门或者工商行政管理部门依照《中华人民共和国产品质量法》的规定从重处罚。对人员密集场所使用不合格的消防产品或者国家明令淘汰的消防产品的，由消防救援机构责令限期改正，逾期不改正的，给予罚款处罚，情节严重的，责令停产停业。

（五）消防产品监督管理中的部门协作制度

消防救援机构对于人员密集场所违法使用消防产品的情形，除依法对使用者给予处罚外还应当将发现的不合格消防产品和国家明令淘汰消防产品的情况通报产品质量监督部门、工商行政管理部门。产品质量监督部门和工商行政管理部门应当对生产者、销售者依法及时查处。

五、关于农村消防工作的规定

（一）地方各级人民政府应当加强对农村消防工作的领导

采取措施加强公共消防设施建设，组织建立和督促落实消防安全责任制。

（二）城乡并重，对农村消防工作高度重视

将现行《中华人民共和国消防法》中的"城市规划"修改为"城乡规划"。规定"地方各级人民政府应当将包括消防安全布局、消防站、消防供水、消防通信、消防车通道、消防装备等内容的消防规划纳入城乡规划，并负责组织实施。城乡消防安全布局不符合消防安全要求的，应当调整、完善；公共消防设施、消防装备不足或者不适应实际需要的，应当增建、改建、配置或者进行技术改造"。

（三）规定季节防火措施

针对农业收获季节火灾多发的实际，规定在农业收获季节，地方各级人民政府应当组织开展有针对性的消防宣

传教育，采取防火措施，进行消防安全检查。

（四）具体规定了村民委员会的消防工作内容

明确村民委员会应当确定消防安全管理人，组织制定防火安全公约，进行防火安全检查，加强消防宣传教育，建立志愿消防队等，开展群众性自防自救工作。

某省公布 5 起森林火灾典型案例，提醒广大群众增强森林草原防火意识，自觉遵守法律法规。

案例一：李某某农事用火失火案被判刑

2023 年 3 月 4 日 11 时许，李某某在地里整理农田时将地里荒草拢起点燃，引发森林火灾，经鉴定，过火有林地面积 12.62 公顷。2023 年 6 月 5 日，经县人民法院依法判决，李某某犯失火罪，判处有期徒刑一年，缓刑一年六个月。

案例二：贾某某燃放烟花爆竹失火案被判刑

2023 年 1 月 28 日 19 时许，粟某某在自家门前菜园内燃放鞭炮、烟花时，不慎将其房屋后坡北侧山林引燃，引发森林火情。经鉴定，过火有林地面积为 8.53 公顷。2023年 6 月 8 日，经县人民法院依法判决，粟某某犯失火罪，判处有期徒刑八个月，缓刑一年六个月。

案例三：朱某某上坟祭祀失火案被判刑

2022 年 4 月 4 日 14 时许，朱某某在坟前烧纸时，不慎将坟旁的山坡引燃，引发森林火灾。经鉴定：过火有林地面积为 2.77 公顷。2022 年 8 月 8 日，经县人民法院依法判决，朱某某犯失火罪，判处有期徒刑八个月，缓刑一年六个月。同时检察院一并提起公益诉讼交纳植被恢复费5 140 元。

案例四：艾某某农事用火失火案判刑

2023 年 3 月 26 日 16 时许，艾某与其兄艾某甲、其母马某某在子村旧砖瓦厂，用随身携带的打火机点燃耕地杂草时，不慎将其耕地东面山林引燃，引发森林火情。经鉴定，过火有林地面积为 3.36 公顷。2023 年 5 月 26 日，经县人民法院依法判决，艾某犯失火罪，判处有期徒刑八个月，被告人艾某在判决生效后三十日内赔偿因破坏生态环境资源造成的林木补栽费用人民币 33 608 元，依法上缴国库。

案例五：高某某野外吸烟失火案被判刑

2022 年 5 月 30 日，高某某在村口随意丢弃未熄灭的烟头引燃杂草，引发森林火灾。经鉴定，过火有林地面积为 15.72 公顷。2022 年 9 月，经区人民法院依法判决，高某某犯失火罪，判处有期徒刑三年，缓刑四年。

六、关于建设多种形式消防力量的规定

（一）建立多种形式的消防力量的总体要求

修订后的《中华人民共和国消防法》规定："各级人民政府应当加强消防组织建设，根据经济和社会发展的需要，建立多种形式的消防组织，加强消防技术人才培养，增强火灾预防、扑救和应急救援的能力"。

（二）区分城市、乡镇，明确建设不同形式消防力量的要求

《中华人民共和国消防法》规定："县级以上地方人民政府应当按照国家规定建立国家综合性消防救援队、专职消防队，并按照国家标准配备消防装备，承担火灾扑救工作。乡镇人民政府应当根据当地经济发展和消防工作的需要，建立专职消防队、志愿消防队，承担火灾扑救工作"。

（三）专职消防队的建立要求

以下单位应建立专职消防队，承担本单位的火灾扑救工作。

1．大型核设施单位、大型发电厂、民用机场、主要港口；

2．生产、储存易燃易爆危险品的大型企业；

3．储备可燃的重要物资的大型仓库、基地；

4．第一项、第二项、第二项规定以外的火灾危险性较大、距离国家综合性消防救援队较远的其他大型企业；

5．距离国家综合性消防救援队较远、被列为全国重点文物保护单位的古建筑群的管理单位。

（四）志愿消防队的建立要求

机关、团体、企业、事业等单位以及村民委员会、居民委员会根据需要，建立志愿消防队等多种形式的消防组织，开展群众性自防自救工作。

七、关于应急救援的规定

1．明确了各级政府应当加强消防组织建设，根据经济社会发展的需要，建立多种形式的消防组织，增强火灾预防、扑救和应急救援的能力。

2．明确了县级以上地方人民政府应当组织有关部门针对本行政区域内的火灾特点制定应急预案，建立应急反应和处置机制，为火灾扑救和应急救援工作提供人员、装备等保障。

3．规定国家综合性消防救援队、专职消防队依照国家规定承担重大灾害事故和其他以抢救人员生命为主的应急救援工作。国家综合性消防救援队、专职消防队参加火灾以外的其他重大灾害或者事故的应急救援工作，由县级以上人民政府统一领导。

4．规定了赶赴应急救援现场的消防人员和调集的消防装备、物资，需要铁路、水路或者航空运输的，有关单位应当优先运输。

5．规定了对因参加应急救援受伤、致残或者死亡的人员，按照国家有关规定给予医疗、抚恤。

综合性消防救援队、专职消防队依照国家规定承担重大灾害事故和其他以抢救人员生命为主的应急救援工作

八、关于监督检查的规定

（一）政府及其有关部门的监督检查职责

规定地方各级人民政府应当落实消防工作责任制，对本级人民政府有关部门履行消防安全职责的情况进行监督检查。县级以上地方人民政府有关部门应当根据本系统的特点，有针对性地开展消防安全检查，及时督促整改火灾隐患。

如果把监督检查看成是医生对患者的检查，你希望是严格坚还是走过场呢

（二）消防救援机构的监督检查职责

规定消防救援机构对机关、团体、企业、事业等单位遵守消防法律、法规的情况依法进行监督检查。公安派出

所可以负责日常消防监督检查、开展消防宣传教育。

（三）工作人员行使职责时被明令禁止的行为

住房和城乡建设主管部门、消防救援机构及其工作人员进行消防设计审查、消防验收、备案抽查和消防安全检查等，不得收取费用，不得利用职务谋取利益；不得利用职务为用户、建设单位指定或者变相指定消防产品的品牌、销售单位或者消防技术服务机构、消防设施施工单位。

九、关于消防行政处罚的规定

（一）消防行政处罚力度

增加了应予行政处罚的违反消防法规的行为，解决了现行《中华人民共和国消防法》对违反消防法规的行为规定的不全、不严密，一些违法行为得不到及时制止、纠正和依法惩处的问题，维护了法律的严肃性和权威性。

（二）行政处罚的种类

设定了警告、罚款、拘留、责令停产停业（停止施工、停止使用）、没收违法所得、责令停止执业（吊销相应资质、资格）等六类行政处罚，增加了责令停止执业（吊销相应资质、资格）行政处罚，对一些严重违反消防法规的行为特别是危害公共安全的行为增设了拘留处罚，增强了法律的威慑力。

（三）进一步明确了行政处罚的主体

生产、销售不合格的消防产品或者国家明令淘汰的消防产品的，由产品质量监督部门或者工商行政管理部门依照《中华人民共和国产品质量法》的规定从重处罚。

《中华人民共和国消防法》规定的行政处罚，除应当由公安机关依照《中华人民共和国治安管理处罚法》的有关规定决定的外，由住房和城乡建设主管部门、消防救援机构按照各自职权决定。

当事人逾期不执行停产停业、停止使用、停止施工决定的，由作出决定的部门或者机构强制执行。

责令停产停业，对经济和社会生活影响较大的，由住房和城乡建设主管部门或者应急管理部门报请本级人民政府依法决定。

（四）取消了一些消防行政处罚责令限期改正的前置条件

根据消防工作实践，修订后的《中华人民共和国消防法》取消了现行《中华人民共和国消防法》有关违反建设工程消防设计审核、消防验收、公众聚集场所开业前消防安全检查规定等行为的行政处罚前限期改正的前置条件，有利于从源头上消除火灾隐患，改善城乡消防安全条件，有利于依法严肃查处危害公共消防安全的行为，更好地保护人身、财产安全，维护公共安全。

（五）具体规定了消防行政处罚的罚款数额

综合考虑各地经济发展状况以及违反消防法规行为的危害程度，分别规定了罚款处罚的具体数额。

修订后的《中华人民共和国消防法》强化了有关行政处罚的规定，为加强消防监督管理工作提供更加有力的法律武器，对依法惩处危害消防安全的行为，维护公共安全，具有重要意义，这不仅符合依法治国的要求，也是完善消防法制的迫切需要。

十、消防违法行为

《中华人民共和国消防法》法律责任中，消防违法行为主要有：

1.消防设计经消防救援机构依法抽查不合格，不停止施工的；

2.建设工程投入使用后经消防救援机构依法抽查不合格，不停止使用的；

3.建设单位未依法将消防设计文件报消防救援机构备案，或者在竣工后未依法报消防救援机构备案的；

4.建设单位要求建筑设计单位或者建筑施工企业降低消防技术标准设计、施工的；

5.建筑设计单位不按照消防技术标准强制性要求进行消防设计的；

6.工程监理单位与建设单位或者施工企业串通，弄虚作假，降低消防施工质量的；

7.人员密集场所在门窗上设置影响逃生和灭火救援的障碍物的；

8.生产、储存、经营易燃易爆危险品的场所与居住场所设置在同一建筑物内，或者未与居住场所保持安全距离的；

9.生产、储存、经营其他物品的场所与居住场所设置在同一建筑物内，不符合消防技术标准的；

10.非法携带易燃易爆危险品进入公共场所或者乘坐公共交通工具的；

11.阻碍消防救援机构的工作人员依法执行职务的；

12.在火灾发生后阻拦报警，或者负有报告职责的人员不及时报警的；

13.擅自拆封或者使用被消防救援机构查封的场所、部位的；

14.人员密集场所使用不合格的消防产品或者国家明令淘汰的消防产品的；

15.消防产品质量认证、消防设施检测等消防技术服务机构出具虚假、失实文件的。

十一、关于消防行政强制措施的规定

修订后的《中华人民共和国消防法》在继承现行《中华人民共和国消防法》中有关强制措施的基础上，根据消防执法工作实践增加了临时查封措施。修订后的《中华人民共和国消防法》关于消防行政强制措施的规定主要有：

（一）强制消除消防安全隐患

消防救援机构在消防监督检查中发现火灾隐患的，应当通知有关单位或者个人立即采取措施消除隐患；不及时消除隐患可能严重威胁公共安全的，消防救援机构应当依照规定对危险部位或者场所采取临时查封措施。

（二）强制纠正消防违法行为

规定对下列行为，经责令改正拒不改正的，强制执行，所需费用由违法行为人承担：

1.占用、堵塞、封闭疏散通道、安全出口或者有其他妨碍安全疏散行为的；

2.埋压、圈占、遮挡消火栓或者占用防火间距的；

3.占用、堵塞、封闭消防车通道或者有其他妨碍消防车通行行为的；

4.人员密集场所在门窗上设置影响逃生和灭火救援的障碍物的。

（三）强制执行

规定对逾期不执行停产停业、停止使用、停止施工决定的，由作出决定的部门或者机构强制执行。

第十三章　关于火灾公众责任保险

　　火灾公众责任保险对于利用市场手段平抑火灾风险、辅助社会管理具有积极作用，也是国外消防与保险工作的成熟做法。

　　为进一步发挥保险在火灾防范、风险管理和灾后补偿方面的作用，《中华人民共和国消防法》充分考虑我国国情，借鉴国外的通行做法，将火灾公众责任保险写入法律，规定国家鼓励、引导公众聚集场所和生产、储存、运输、销售易燃易爆危险品的企业投保火灾公众责任保险；鼓励保险公司承保火灾公众责任保险。

公众聚集场所和生产、储存、运输、销售易燃易爆危险品的企业，应当积极投保火灾公众责任保险，充分运用市场手段化解火灾风险。保险公司应当积极发展、完善火灾公众责任保险业务，拓展保险在社会消防管理方面的作用，完善社会保障机制，进一步提高公共消防安全水平。

附 录

中华人民共和国消防法

（1998 年 4 月 29 日第九届全国人民代表大会常务委员会第二次会议通过　2008 年 10 月 28 日第十一届全国人民代表大会常务委员会第五次会议修订　根据 2019 年 4 月 23 日第十三届全国人民代表大会常务委员会第十次会议《关于修改〈中华人民共和国建筑法〉等八部法律的决定》第一次修正　根据 2021 年 4 月 29 日第十三届全国人民代表大会常务委员会第二十八次会议《关于修改〈中华人民共和国道路交通安全法〉等八部法律的决定》第二次修正）

第一章 总 则

第一条 为了预防火灾和减少火灾危害,加强应急救援工作,保护人身、财产安全,维护公共安全,制定本法。

第二条 消防工作贯彻预防为主、防消结合的方针,按照政府统一领导、部门依法监管、单位全面负责、公民积极参与的原则,实行消防安全责任制,建立健全社会化的消防工作网络。

第三条 国务院领导全国的消防工作。地方各级人民政府负责本行政区域内的消防工作。

各级人民政府应当将消防工作纳入国民经济和社会发展计划,保障消防工作与经济社会发展相适应。

第四条 国务院应急管理部门对全国的消防工作实施监督管理。县级以上地方人民政府应急管理部门对本行政区域内的消防工作实施监督管理,并由本级人民政府消防救援机构负责实施。军事设施的消防工作,由其主管单位监督管理,消防救援机构协助;矿井地下部分、核电厂、海上石油天然气设施的消防工作,由其主管单位监督管理。

县级以上人民政府其他有关部门在各自的职责范围

内，依照本法和其他相关法律、法规的规定做好消防工作。

法律、行政法规对森林、草原的消防工作另有规定的，从其规定。

第五条　任何单位和个人都有维护消防安全、保护消防设施、预防火灾、报告火警的义务。任何单位和成年人都有参加有组织的灭火工作的义务。

第六条　各级人民政府应当组织开展经常性的消防宣传教育，提高公民的消防安全意识。

机关、团体、企业、事业等单位，应当加强对本单位人员的消防宣传教育。

应急管理部门及消防救援机构应当加强消防法律、法规的宣传，并督促、指导、协助有关单位做好消防宣传教育工作。

教育、人力资源行政主管部门和学校、有关职业培训机构应当将消防知识纳入教育、教学、培训的内容。

新闻、广播、电视等有关单位，应当有针对性地面向社会进行消防宣传教育。

工会、共产主义青年团、妇女联合会等团体应当结合各自工作对象的特点，组织开展消防宣传教育。

村民委员会、居民委员会应当协助人民政府以及公安机关、应急管理等部门，加强消防宣传教育。

第七条 国家鼓励、支持消防科学研究和技术创新，推广使用先进的消防和应急救援技术、设备；鼓励、支持社会力量开展消防公益活动。

对在消防工作中有突出贡献的单位和个人，应当按照国家有关规定给予表彰和奖励。

第二章　火灾预防

第八条 地方各级人民政府应当将包括消防安全布局、消防站、消防供水、消防通信、消防车通道、消防装备等内容的消防规划纳入城乡规划，并负责组织实施。

城乡消防安全布局不符合消防安全要求的，应当调整、完善；公共消防设施、消防装备不足或者不适应实际需要的，应当增建、改建、配置或者进行技术改造。

第九条 建设工程的消防设计、施工必须符合国家工程建设消防技术标准。建设、设计、施工、工程监理等单位依法对建设工程的消防设计、施工质量负责。

第十条 对按照国家工程建设消防技术标准需要进行消防设计的建设工程，实行建设工程消防设计审查验收制度。

第十一条 国务院住房和城乡建设主管部门规定的特殊建设工程，建设单位应当将消防设计文件报送住房和城乡建设主管部门审查，住房和城乡建设主管部门依法对审查的结果负责。

前款规定以外的其他建设工程，建设单位申请领取施工许可证或者申请批准开工报告时应当提供满足施工需要的消防设计图纸及技术资料。

第十二条 特殊建设工程未经消防设计审查或者审查不合格的，建设单位、施工单位不得施工；其他建设工程，建设单位未提供满足施工需要的消防设计图纸及技术资料的，有关部门不得发放施工许可证或者批准开工报告。

第十三条 国务院住房和城乡建设主管部门规定应当申请消防验收的建设工程竣工，建设单位应当向住房和城乡建设主管部门申请消防验收。

前款规定以外的其他建设工程，建设单位在验收后应当报住房和城乡建设主管部门备案，住房和城乡建设主管部门应当进行抽查。

依法应当进行消防验收的建设工程，未经消防验收或者消防验收不合格的，禁止投入使用；其他建设工程经依法抽查不合格的，应当停止使用。

第十四条 建设工程消防设计审查、消防验收、备案和抽查的具体办法，由国务院住房和城乡建设主管部门规定。

第十五条 公众聚集场所投入使用、营业前消防安全检查实行告知承诺管理。公众聚集场所在投入使用、营业前，建设单位或者使用单位应当向场所所在地的县级以上地方人民政府消防救援机构申请消防安全检查，作出场所符合消防技术标准和管理规定的承诺，提交规定的材料，并对其承诺和材料的真实性负责。

消防救援机构对申请人提交的材料进行审查；申请材料齐全、符合法定形式的，应当予以许可。消防救援机构应当根据消防技术标准和管理规定，及时对作出承诺的公众聚集场所进行核查。

申请人选择不采用告知承诺方式办理的，消防救援机构应当自受理申请之日起十个工作日内，根据消防技术标准和管理规定，对该场所进行检查。经检查符合消防安全要求的，应当予以许可。

公众聚集场所未经消防救援机构许可的，不得投入使用、营业。消防安全检查的具体办法，由国务院应急管理部门制定。

第十六条 机关、团体、企业、事业等单位应当履行下列消防安全职责：

（一）落实消防安全责任制，制定本单位的消防安全制度、消防安全操作规程，制定灭火和应急疏散预案；

（二）按照国家标准、行业标准配置消防设施、器材，设置消防安全标志，并定期组织检验、维修，确保完好有效；

（三）对建筑消防设施每年至少进行一次全面检测，确保完好有效，检测记录应当完整准确，存档备查；

（四）保障疏散通道、安全出口、消防车通道畅通，保证防火防烟分区、防火间距符合消防技术标准；

（五）组织防火检查，及时消除火灾隐患；

（六）组织进行有针对性的消防演练；

（七）法律、法规规定的其他消防安全职责。

单位的主要负责人是本单位的消防安全责任人。

第十七条 县级以上地方人民政府消防救援机构应当将发生火灾可能性较大以及发生火灾可能造成重大的人身伤亡或者财产损失的单位，确定为本行政区域内的消防安全重点单位，并由应急管理部门报本级人民政府备案。

消防安全重点单位除应当履行本法第十六条规定的职责外，还应当履行下列消防安全职责：

（一）确定消防安全管理人，组织实施本单位的消防安全管理工作；

（二）建立消防档案，确定消防安全重点部位，设置防火标志，实行严格管理；

（三）实行每日防火巡查，并建立巡查记录；

（四）对职工进行岗前消防安全培训，定期组织消防安全培训和消防演练。

第十八条 同一建筑物由两个以上单位管理或者使用的，应当明确各方的消防安全责任，并确定责任人对共用的疏散通道、安全出口、建筑消防设施和消防车通道进行统一管理。

住宅区的物业服务企业应当对管理区域内的共用消防

设施进行维护管理，提供消防安全防范服务。

第十九条 生产、储存、经营易燃易爆危险品的场所不得与居住场所设置在同一建筑物内，并应当与居住场所保持安全距离。

生产、储存、经营其他物品的场所与居住场所设置在同一建筑物内的，应当符合国家工程建设消防技术标准。

第二十条 举办大型群众性活动，承办人应当依法向公安机关申请安全许可，制定灭火和应急疏散预案并组织演练，明确消防安全责任分工，确定消防安全管理人员，保持消防设施和消防器材配置齐全、完好有效，保证疏散通道、安全出口、疏散指示标志、应急照明和消防车通道符合消防技术标准和管理规定。

第二十一条 禁止在具有火灾、爆炸危险的场所吸烟、使用明火。因施工等特殊情况需要使用明火作业的，应当按照规定事先办理审批手续，采取相应的消防安全措施；作业人员应当遵守消防安全规定。

进行电焊、气焊等具有火灾危险作业的人员和自动消防系统的操作人员，必须持证上岗，并遵守消防安全操作规程。

第二十二条 生产、储存、装卸易燃易爆危险品的工厂、仓库和专用车站、码头的设置，应当符合消防技术标准。易燃易爆气体和液体的充装站、供应站、调压站，应当设置在符合消防安全要求的位置，并符合防火防爆要求。

已经设置的生产、储存、装卸易燃易爆危险品的工厂、仓库和专用车站、码头，易燃易爆气体和液体的充装站、供应站、调压站，不再符合前款规定的，地方人民政府应当组织、协调有关部门、单位限期解决，消除安全隐患。

第二十三条 生产、储存、运输、销售、使用、销毁易燃易爆危险品，必须执行消防技术标准和管理规定。

进入生产、储存易燃易爆危险品的场所，必须执行消防安全规定。禁止非法携带易燃易爆危险品进入公共场所或者乘坐公共交通工具。

储存可燃物资仓库的管理，必须执行消防技术标准和管理规定。

第二十四条 消防产品必须符合国家标准；没有国家标准的，必须符合行业标准。禁止生产、销售或者使用不合格的消防产品以及国家明令淘汰的消防产品。

依法实行强制性产品认证的消防产品，由具有法定资质的认证机构按照国家标准、行业标准的强制性要求认证合格后，方可生产、销售、使用。实行强制性产品认证的消防产品目录，由国务院产品质量监督部门会同国务院应急管理部门制定并公布。

新研制的尚未制定国家标准、行业标准的消防产品，应当按照国务院产品质量监督部门会同国务院应急管理部门规定的办法，经技术鉴定符合消防安全要求的，方可生产、销售、使用。

依照本条规定经强制性产品认证合格或者技术鉴定合格的消防产品，国务院应急管理部门应当予以公布。

第二十五条 产品质量监督部门、工商行政管理部门、消防救援机构应当按照各自职责加强对消防产品质量的监督检查。

第二十六条 建筑构件、建筑材料和室内装修、装饰材料的防火性能必须符合国家标准；没有国家标准的，必须符合行业标准。

人员密集场所室内装修、装饰，应当按照消防技术标准的要求，使用不燃、难燃材料。

第二十七条 电器产品、燃气用具的产品标准，应当符合消防安全的要求。

电器产品、燃气用具的安装、使用及其线路、管路的设计、敷设、维护保养、检测,必须符合消防技术标准和管理规定。

第二十八条 任何单位、个人不得损坏、挪用或者擅自拆除、停用消防设施、器材,不得埋压、圈占、遮挡消火栓或者占用防火间距,不得占用、堵塞、封闭疏散通道、安全出口、消防车通道。人员密集场所的门窗不得设置影响逃生和灭火救援的障碍物。

第二十九条 负责公共消防设施维护管理的单位,应当保持消防供水、消防通信、消防车通道等公共消防设施的完好有效。在修建道路以及停电、停水、截断通信线路时有可能影响消防队灭火救援的,有关单位必须事先通知当地消防救援机构。

第三十条 地方各级人民政府应当加强对农村消防工作的领导,采取措施加强公共消防设施建设,组织建立和督促落实消防安全责任制。

第三十一条 在农业收获季节、森林和草原防火期间、重大节假日期间以及火灾多发季节,地方各级人民政府应当组织开展有针对性的消防宣传教育，采取防火措施，进行消防安全检查。

第三十二条 乡镇人民政府、城市街道办事处应当指导、支持和帮助村民委员会、居民委员会开展群众性的消防工作。村民委员会、居民委员会应当确定消防安全管理人，组织制定防火安全公约，进行防火安全检查。

第三十三条 国家鼓励、引导公众聚集场所和生产、储存、运输、销售易燃易爆危险品的企业投保火灾公众责任保险；鼓励保险公司承保火灾公众责任保险。

第三十四条 消防设施维护保养检测、消防安全评估等消防技术服务机构应当符合从业条件，执业人员应当依法获得相应的资格；依照法律、行政法规、国家标准、行业标准和执业准则，接受委托提供消防技术服务，并对服务质量负责。

第三章　消防组织

第三十五条　各级人民政府应当加强消防组织建设，根据经济社会发展的需要，建立多种形式的消防组织，加强消防技术人才培养，增强火灾预防、扑救和应急救援的能力。

第三十六条　县级以上地方人民政府应当按照国家规定建立国家综合性消防救援队、专职消防队，并按照国家标准配备消防装备，承担火灾扑救工作。

乡镇人民政府应当根据当地经济发展和消防工作的需要，建立专职消防队、志愿消防队，承担火灾扑救工作。

第三十七条　国家综合性消防救援队、专职消防队按照国家规定承担重大灾害事故和其他以抢救人员生命为主的应急救援工作。

第三十八条　国家综合性消防救援队、专职消防队应当充分发挥火灾扑救和应急救援专业力量的骨干作用；按照国家规定，组织实施专业技能训练，配备并维护保养装备器材，提高火灾扑救和应急救援的能力。

第三十九条　下列单位应当建立单位专职消防队，承担本单位的火灾扑救工作：

（一）大型核设施单位、大型发电厂、民用机场、主要港口；

（二）生产、储存易燃易爆危险品的大型企业；

（三）储备可燃的重要物资的大型仓库、基地；

（四）第一项、第二项、第三项规定以外的火灾危险性较大、距离国家综合性消防救援队较远的其他大型企业；

（五）距离国家综合性消防救援队较远、被列为全国重点文物保护单位的古建筑群的管理单位。

第四十条 专职消防队的建立，应当符合国家有关规定，并报当地消防救援机构验收。

专职消防队的队员依法享受社会保险和福利待遇。

第四十一条 机关、团体、企业、事业等单位以及村民委员会、居民委员会根据需要，建立志愿消防队等多种形式的消防组织，开展群众性自防自救工作。

第四十二条 消防救援机构应当对专职消防队、志愿消防队等消防组织进行业务指导；根据扑救火灾的需要，可以调动指挥专职消防队参加火灾扑救工作。

第四章　灭火救援

第四十三条　县级以上地方人民政府应当组织有关部门针对本行政区域内的火灾特点制定应急预案，建立应急反应和处置机制，为火灾扑救和应急救援工作提供人员、装备等保障。

第四十四条　任何人发现火灾都应当立即报警。任何单位、个人都应当无偿为报警提供便利，不得阻拦报警。严禁谎报火警。

人员密集场所发生火灾，该场所的现场工作人员应当立即组织、引导在场人员疏散。

任何单位发生火灾，必须立即组织力量扑救。邻近单位应当给予支援。

消防队接到火警，必须立即赶赴火灾现场，救助遇险人员，排除险情，扑灭火灾。

第四十五条　消防救援机构统一组织和指挥火灾现场扑救，应当优先保障遇险人员的生命安全。

火灾现场总指挥根据扑救火灾的需要，有权决定下列事项：

（一）使用各种水源；

（二）截断电力、可燃气体和可燃液体的输送，限制用火用电；

（三）划定警戒区，实行局部交通管制；

（四）利用临近建筑物和有关设施；

（五）为了抢救人员和重要物资，防止火势蔓延，拆除或者破损毗邻火灾现场的建筑物、构筑物或者设施等；

（六）调动供水、供电、供气、通信、医疗救护、交通运输、环境保护等有关单位协助灭火救援。

根据扑救火灾的紧急需要，有关地方人民政府应当组织人员、调集所需物资支援灭火。

第四十六条 国家综合性消防救援队、专职消防队参加火灾以外的其他重大灾害事故的应急救援工作，由县级以上人民政府统一领导。

第四十七条 消防车、消防艇前往执行火灾扑救或者应急救援任务，在确保安全的前提下，不受行驶速度、行驶路线、行驶方向和指挥信号的限制，其他车辆、船舶以及行人应当让行，不得穿插超越；收费公路、桥梁免收车辆通行费。交通管理指挥人员应当保证消防车、消防艇迅速通行。

赶赴火灾现场或者应急救援现场的消防人员和调集的消防装备、物资，需要铁路、水路或者航空运输的，有关单位应当优先运输。

第四十八条 消防车、消防艇以及消防器材、装备和设施，不得用于与消防和应急救援工作无关的事项。

第四十九条 国家综合性消防救援队、专职消防队扑救火灾、应急救援，不得收取任何费用。

单位专职消防队、志愿消防队参加扑救外单位火灾所损耗的燃料、灭火剂和器材、装备等，由火灾发生地的人民政府给予补偿。

第五十条 对因参加扑救火灾或者应急救援受伤、致残或者死亡的人员，按照国家有关规定给予医疗、抚恤。

第五十一条 消防救援机构有权根据需要封闭火灾现场，负责调查火灾原因，统计火灾损失。

火灾扑灭后，发生火灾的单位和相关人员应当按照消防救援机构的要求保护现场，接受事故调查，如实提供与火灾有关的情况。

消防救援机构根据火灾现场勘验、调查情况和有关的检验、鉴定意见，及时制作火灾事故认定书，作为处理火灾事故的证据。

第五章 监督检查

第五十二条 地方各级人民政府应当落实消防工作责任制，对本级人民政府有关部门履行消防安全职责的情况进行监督检查。

县级以上地方人民政府有关部门应当根据本系统的特点，有针对性地开展消防安全检查，及时督促整改火灾隐患。

第五十三条 消防救援机构应当对机关、团体、企业、事业等单位遵守消防法律、法规的情况依法进行监督检查。公安派出所可以负责日常消防监督检查、开展消防宣传教育，具体办法由国务院公安部门规定。

消防救援机构、公安派出所的工作人员进行消防监督检查，应当出示证件。

第五十四条 消防救援机构在消防监督检查中发现火

灾隐患的，应当通知有关单位或者个人立即采取措施消除隐患；不及时消除隐患可能严重威胁公共安全的，消防救援机构应当依照规定对危险部位或者场所采取临时查封措施。

第五十五条 消防救援机构在消防监督检查中发现城乡消防安全布局、公共消防设施不符合消防安全要求，或者发现本地区存在影响公共安全的重大火灾隐患的，应当由应急管理部门书面报告本级人民政府。

接到报告的人民政府应当及时核实情况，组织或者责成有关部门、单位采取措施，予以整改。

第五十六条 住房和城乡建设主管部门、消防救援机构及其工作人员应当按照法定的职权和程序进行消防设计审查、消防验收、备案抽查和消防安全检查，做到公正、严格、文明、高效。

住房和城乡建设主管部门、消防救援机构及其工作人员进行消防设计审查、消防验收、备案抽查和消防安全检查等，不得收取费用，不得利用职务谋取利益；不得利用职务为用户、建设单位指定或者变相指定消防产品的品牌、销售单位或者消防技术服务机构、消防设施施工单位。

第五十七条 住房和城乡建设主管部门、消防救援机构及其工作人员执行职务，应当自觉接受社会和公民的监督。

任何单位和个人都有权对住房和城乡建设主管部门、消防救援机构及其工作人员在执法中的违法行为进行检举、控告。收到检举、控告的机关，应当按照职责及时查处。

第六章　法律责任

第五十八条 违反本法规定，有下列行为之一的，由住房和城乡建设主管部门、消防救援机构按照各自职权责令停止施工、停止使用或者停产停业，并处三万元以上三十万元以下罚款：

（一）依法应当进行消防设计审查的建设工程，未经依法审查或者审查不合格，擅自施工的；

（二）依法应当进行消防验收的建设工程，未经消防验收或者消防验收不合格，擅自投入使用的；

（三）本法第十三条规定的其他建设工程验收后经依

法抽查不合格，不停止使用的；

（四）公众聚集场所未经消防救援机构许可，擅自投入使用、营业的，或者经核查发现场所使用、营业情况与承诺内容不符的。

核查发现公众聚集场所使用、营业情况与承诺内容不符，经责令限期改正，逾期不整改或者整改后仍达不到要求的，依法撤销相应许可。

建设单位未依照本法规定在验收后报住房和城乡建设主管部门备案的，由住房和城乡建设主管部门责令改正，处五千元以下罚款。

第五十九条 违反本法规定，有下列行为之一的，由住房和城乡建设主管部门责令改正或者停止施工，并处一万元以上十万元以下罚款：

（一）建设单位要求建筑设计单位或者建筑施工企业降低消防技术标准设计、施工的；

（二）建筑设计单位不按照消防技术标准强制性要求进行消防设计的；

（三）建筑施工企业不按照消防设计文件和消防技术标准施工，降低消防施工质量的；

（四）工程监理单位与建设单位或者建筑施工企业串通，弄虚作假，降低消防施工质量的。

第六十条 单位违反本法规定，有下列行为之一的，责令改正，处五千元以上五万元以下罚款：

（一）消防设施、器材或者消防安全标志的配置、设置不符合国家标准、行业标准，或者未保持完好有效的；

（二）损坏、挪用或者擅自拆除、停用消防设施、器材的；

（三）占用、堵塞、封闭疏散通道、安全出口或者有其他妨碍安全疏散行为的；

（四）埋压、圈占、遮挡消火栓或者占用防火间距的；

（五）占用、堵塞、封闭消防车通道，妨碍消防车通行的；

（六）人员密集场所在门窗上设置影响逃生和灭火救援的障碍物的；

（七）对火灾隐患经消防救援机构通知后不及时采取措施消除的。

个人有前款第二项、第三项、第四项、第五项行为之一的，处警告或者五百元以下罚款。

有本条第一款第三项、第四项、第五项、第六项行为，经责令改正拒不改正的，强制执行，所需费用由违法行为人承担。

第六十一条 生产、储存、经营易燃易爆危险品的场所与居住场所设置在同一建筑物内，或者未与居住场所保持安全距离的，责令停产停业，并处五千元以上五万元以下罚款。

生产、储存、经营其他物品的场所与居住场所设置在同一建筑物内，不符合消防技术标准的，依照前款规定处罚。

第六十二条 有下列行为之一的，依照《中华人民共和国治安管理处罚法》的规定处罚：

（一）违反有关消防技术标准和管理规定生产、储存、运输、销售、使用、销毁易燃易爆危险品的；

（二）非法携带易燃易爆危险品进入公共场所或者乘坐公共交通工具的；

（三）谎报火警的；

（四）阻碍消防车、消防艇执行任务的；

（五）阻碍消防救援机构的工作人员依法执行职务的。

第六十三条 违反本法规定，有下列行为之一的，处警告或者五百元以下罚款；情节严重的，处五日以下拘留：

（一）违反消防安全规定进入生产、储存易燃易爆危险品场所的；

（二）违反规定使用明火作业或者在具有火灾、爆炸危险的场所吸烟、使用明火的。

第六十四条 违反本法规定，有下列行为之一，尚不构成犯罪的，处十日以上十五日以下拘留，可以并处五百元以下罚款；情节较轻的，处警告或者五百元以下罚款：

（一）指使或者强令他人违反消防安全规定，冒险作业的；

（二）过失引起火灾的；

（三）在火灾发生后阻拦报警，或者负有报告职责的人员不及时报警的；

（四）扰乱火灾现场秩序，或者拒不执行火灾现场指挥员指挥，影响灭火救援的；

（五）故意破坏或者伪造火灾现场的；

（六）擅自拆封或者使用被消防救援机构查封的场所、部位的。

第六十五条 违反本法规定，生产、销售不合格的消防产品或者国家明令淘汰的消防产品的，由产品质量监督部门或者工商行政管理部门依照《中华人民共和国产品质量法》的规定从重处罚。

人员密集场所使用不合格的消防产品或者国家明令淘汰的消防产品的，责令限期改正；逾期不改正的，处五千元以上五万元以下罚款，并对其直接负责的主管人员和其他直接责任人员处五百元以上二千元以下罚款；情节严重的，责令停产停业。

消防救援机构对于本条第二款规定的情形，除依法对使用者予以处罚外，应当将发现不合格的消防产品和国家明令淘汰的消防产品的情况通报产品质量监督部门、工商行政管理部门。产品质量监督部门、工商行政管理部门应当对生产者、销售者依法及时查处。

第六十六条 电器产品、燃气用具的安装、使用及其线路、管路的设计、敷设、维护保养、检测不符合消防技术标准和管理规定的，责令限期改正；逾期不改正的，责令停止使用，可以并处一千元以上五千元以下罚款。

第六十七条 机关、团体、企业、事业等单位违反本法第十六条、第十七条、第十八条、第二十一条第二款规定的，责令限期改正；逾期不改正的，对其直接负责的主管人员和其他直接责任人员依法给予处分或者给予警告处罚。

第六十八条　人员密集场所发生火灾，该场所的现场工作人员不履行组织、引导在场人员疏散的义务，情节严重，尚不构成犯罪的，处五日以上十日以下拘留。

第六十九条　消防设施维护保养检测、消防安全评估等消防技术服务机构，不具备从业条件从事消防技术服务活动或者出具虚假文件的，由消防救援机构责令改正，处五万元以上十万元以下罚款，并对直接负责的主管人员和其他直接责任人员处一万元以上五万元以下罚款；不按照国家标准、行业标准开展消防技术服务活动的，责令改正，处五万元以下罚款，并对直接负责的主管人员和其它直接责任人员处一万元以下罚款；有违法所得的，并处没收违法所得；给他人造成损失的，依法承担赔偿责任；情节严重的，依法责令停止执业或者吊销相应资格；造成重大损失的，由相关部门吊销营业执照，并对有关责任人员采取终身市场禁入措施。

前款规定的机构出具失实文件，给他人造成损失的，依法承担赔偿责任；造成重大损失的，由消防救援机构依法责令停止执业或者吊销相应资格，由相关部门吊销营业执照，并对有关责任人员采取终身市场禁入措施。

第七十条　本法规定的行政处罚，除应当由公安机关依照《中华人民共和国治安管理处罚法》的有关规定决定的外，由住房和城乡建设主管部门、消防救援机构按照各自职权决定。

被责令停止施工、停止使用、停产停业的，应当在整改后向作出决定的部门或者机构报告，经检查合格，方可恢复施工、使用、生产、经营。

当事人逾期不执行停产停业、停止使用、停止施工决定的，由作出决定的部门或者机构强制执行。

责令停产停业，对经济和社会生活影响较大的，由住房和城乡建设主管部门或者应急管理部门报请本级人民政府依法决定。

第七十一条　住房和城乡建设主管部门、消防救援机构的工作人员滥用职权、玩忽职守、徇私舞弊，有下列行为之一，尚不构成犯罪的，依法给予处分：

（一）对不符合消防安全要求的消防设计文件、建设工程、场所准予审查合格、消防验收合格、消防安全检查合格的；

（二）无故拖延消防设计审查、消防验收、消防安全检查，不在法定期限内履行职责的；

（三）发现火灾隐患不及时通知有关单位或者个人整改的；

（四）利用职务为用户、建设单位指定或者变相指定消防产品的品牌、销售单位或者消防技术服务机构、消防设施施工单位的；

（五）将消防车、消防艇以及消防器材、装备和设施用于与消防和应急救援无关的事项的；

（六）其他滥用职权、玩忽职守、徇私舞弊的行为。

产品质量监督、工商行政管理等其他有关行政主管部门的工作人员在消防工作中滥用职权、玩忽职守、徇私舞弊，尚不构成犯罪的，依法给予处分。

第七十二条　违反本法规定，构成犯罪的，依法追究刑事责任。

第七章 附 则

第七十三条 本法下列用语的含义：

（一）消防设施，是指火灾自动报警系统、自动灭火系统、消火栓系统、防烟排烟系统以及应急广播和应急照明、安全疏散设施等。

（二）消防产品，是指专门用于火灾预防、灭火救援和火灾防护、避难、逃生的产品。

（三）公众聚集场所，是指宾馆、饭店、商场、集贸市场、客运车站候车室、客运码头候船厅、民用机场航站楼、体育场馆、会堂以及公共娱乐场所等。

（四）人员密集场所，是指公众聚集场所，医院的门诊楼、病房楼，学校的教学楼、图书馆、食堂和集体宿舍，养老院，福利院，托儿所，幼儿园，公共图书馆的阅览室，公共展览馆、博物馆的展示厅，劳动密集型企业的生产加工车间和员工集体宿舍，旅游、宗教活动场所等。

第七十四条 本法自 2009 年 5 月 1 日起施行。